A NOVA ABOLIÇÃO

Dados Internacionais de Catalogação na Publicação (CIP)
(Câmara Brasileira do Livro, SP, Brasil)

Domingues, Petrônio
A nova abolição / Petrônio Domingues. São Paulo: Selo Negro, 2008.

Bibliografia
ISBN 978-85-87478-30-6

1. Ações afirmativas – Programas – Brasil 2. Afro-brasileiros – História 3. Brasil – História – Abolição da escravidão, 1888 4. Brasil – História – Revolução, 1932 5. Imprensa negra – Brasil 6. Negros – Brasil I. Título.

07-9867   CDD-305.896081

Índices para catálogo sistemático:
1. Brasil: Afrodescendentes: Integração social: Sociologia   305.896081
2. Brasil: Negros: Sociologia   305.896081

Compre em lugar de fotocopiar.
Cada real que você dá por um livro recompensa seus autores
e os convida a produzir mais sobre o tema;
incentiva seus editores a encomendar, traduzir e publicar
outras obras sobre o assunto;
e paga aos livreiros por estocar e levar até você livros
para a sua informação e o seu entretenimento.
Cada real que você dá pela fotocópia não-autorizada de um livro
financia um crime
e ajuda a matar a produção intelectual de seu país.

A NOVA ABOLIÇÃO

Petrônio Domingues

A NOVA ABOLIÇÃO
Copyright © 2008 by Petrônio Domingues
Direitos desta edição reservados por Summus Editorial

Editora executiva: **Soraia Bini Cury**
Assistentes editoriais: **Bibiana Leme e Martha Lopes**
Capa, projeto gráfico e diagramação: **Gabrielly Silva**
Imagem da capa: **Legião Negra, 1932
(reprodução da revista *O mundo ilustrado*,
Rio de Janeiro: O Mundo Gráfica e Editora,
ano II, n. 75, jul. 1954)**
Impressão: **Sumago Gráfica Editorial Ltda.**

A editora envidou todos os esforços para localizar os detentores dos direitos sobre a imagem da capa e agradece qualquer informação a esse respeito.

Selo Negro Edições
Departamento editorial:
Rua Itapicuru, 613 – 7º andar
05006-000 – São Paulo – SP
Fone: (11) 3872-3322
Fax: (11) 3872-7476
http://www.selonegro.com.br
e-mail: selonegro@selonegro.com.br

Atendimento ao consumidor:
Summus Editorial
Fone: (11) 3865-9890

Vendas por atacado:
Fone: (11) 3873-8638
Fax: (11) 3873-7085
e-mail: vendas@summus.com.br

Impresso no Brasil

Aos meus amados pais:
Durval Domingues Filho
e Maria José Domingues.

"A simples negligência de problemas culturais, étnicos e raciais numa sociedade nacional tão heterogênea indica que o impulso para a preservação da desigualdade é mais poderoso que o impulso oposto, na direção da igualdade crescente. [...] Nenhuma democracia será possível se tivermos uma linguagem 'aberta' e um comportamento 'fechado'."

FLORESTAN FERNANDES (1972, p. 161-2)

"Somos um país de negros e mestiços, com um passado que é muito mais africano do que 'ocidental', mais negro do que branco."

CLÓVIS MOURA (1977, p. 64)

"Os negros têm como projeto coletivo a ereção de uma sociedade fundada na justiça, na igualdade e no respeito a todos os seres humanos, na liberdade; uma sociedade cuja natureza intrínseca torne impossível a exploração econômica e o racismo. Uma democracia autêntica, fundada pelos destituídos e os deserdados deste país, aos quais não interessa a simples restauração de tipos e formas caducas de instituições políticas, sociais e econômicas as quais serviriam unicamente para procrastinar o advento de nossa emancipação total e definitiva que somente pode vir com a transformação radical das estruturas vigentes. Cabe mais uma vez insistir: não nos interessa a proposta de uma adaptação aos moldes de sociedade capitalista e de classes. Esta não é a solução que devemos aceitar como se fora mandamento inelutável. Confiamos na idoneidade mental do negro, e acreditamos na reinvenção de nós mesmos e de nossa história. Reinvenção de um caminho afro-brasileiro de vida fundado em sua experiência histórica, na utilização do conhecimento crítico e inventivo de suas instituições golpeadas pelo colonialismo e pelo racismo. Enfim reconstruir no presente uma sociedade dirigida ao futuro, mas levando em conta o que ainda for útil e positivo no acervo do passado."

ABDIAS DO NASCIMENTO (1980, p. 262)

SUMÁRIO

PREFÁCIO ··· 9

APRESENTAÇÃO ··· 13

1 | OS JORNAIS DOS FILHOS E NETOS DE ESCRAVOS (1889-1930) ··· 19

2 | OS DESCENDENTES DE AFRICANOS VÃO À LUTA EM TERRA BRASILIS. FRENTE NEGRA BRASILEIRA *VERSUS* TEATRO EXPERIMENTAL DO NEGRO ··· 59

3 | OS PÉROLAS NEGRAS: A PARTICIPAÇÃO DO NEGRO NA REVOLUÇÃO CONSTITUCIONALISTA DE 1932 ··· 96

4 | AÇÕES AFIRMATIVAS PARA NEGROS NO BRASIL: O INÍCIO DE UMA REPARAÇÃO HISTÓRICA ··· 147

CONCLUSÃO – A NOVA ABOLIÇÃO ··· 169

REFERÊNCIAS BIBLIOGRÁFICAS ··· 173

PREFÁCIO*

A nova abolição, de Petrônio Domingues, representa uma combinação inovadora de afastamento e retorno na historiografia do período que vai do final do século XIX ao inicio do século XX no Brasil, mais especificamente no Estado de São Paulo. Uma revisão de sua dissertação, este texto retoma um período importante no desenvolvimento social, político e econômico brasileiro: a transição, dos descendentes de povos das atuais Angola e Nigéria, da condição de escravos para trabalhadores livres; a substancial imigração de europeus meridionais, principalmente italianos, para o Estado de São Paulo; e as tensões entre uma monarquia em seus estertores, o republicanismo emergente e a mobilização integralista a partir dos militares, incorporada aos esforços e sucessos políticos de Getúlio Vargas. Decerto há outras forças que influenciaram e ajudaram grandemente a determinar o curso e o desenvolvimento da sociedade brasileira, mas, devido ao fato de Domingues ter como foco a comunidade negra paulista desse período, o livro investiga a literatura existente sobre a comunidade negra, combinando novos dados primários e novas interpretações dos dados existentes para fornecer um retrato distinto do período imediatamente posterior à Abolição na principal cidade industrial do Brasil.

Em alguns aspectos importantes, o exame que Domingues faz do período pós-abolição nos remete à hoje clássica obra de Florestan *A integração do negro na sociedade de classes*, cujo próprio título dá ao leitor uma idéia

---

* Tradução de Carlos Alberto Medeiros, a quem o autor agradece

das preocupações do autor. Embora demonstre sua empatia para com a sorte e a condição dos negros livres na transição da escravidão para o trabalho assalariado, o texto de Florestan atribui amplamente a incapacidade de muitos negros brasileiros em garantir emprego, educação e ascensão social à sua falta de preparo para os rigores e a competição no mercado de trabalho capitalista. A literatura posterior produzida por especialistas nesse período, entre os quais George Reid Andrews, forneceu evidências demonstrando que, de muitas maneiras, os negros paulistas estavam tão preparados, se não mais, do que a maioria dos imigrantes que foram para a cidade e o Estado de São Paulo naquele período, já que a maior parte dos negros daquela cidade nessa época já era livre e estava engajada em alguma espécie de trabalho assalariado, fosse diretamente ou como "homens de ganho", sendo pagos para realizar determinadas tarefas.

Em vez de se concentrar, como Florestan, em investigar se os negros fizeram "com sucesso" a transição de escravos a libertos nesse período, Domingues amplia nossa percepção das condições complexas, freqüentemente árduas e contraditórias em que os negros viveram e participaram dos eventos econômicos e políticos mais significativos daquela época, focalizando o que eles realmente fizeram. Seus capítulos sobre a imprensa negra e o Teatro Experimental do Negro serão complementos úteis à literatura atual, que compreende vários trabalhos importantes. A meu ver, contudo, são o segundo e o terceiro capítulos que fornecem a interpretação e os dados primários mais inovadores a respeito das dimensões negligenciadas da participação negra em dois movimentos e tendências sociopolíticos muito diferentes, a Revolução Constitucionalista de 1932 e a Ação Imperial Patrianovista Brasileira. Quanto a esta última tendência, Domingues se concentra nas atividades de Arlindo Veiga dos Santos, intelectual e ativista proeminente tanto na Frente Negra Brasileira quanto no movimento patrianovista.

No caso da Revolução Constitucionalista, Domingues utiliza reportagens de jornais e testemunhos do período para lançar luz sobre o negligenciado papel da Legião Negra nos esforços de Vargas para implantar reformas democráticas em apoio ao desejo da burguesia paulista emergente de consolidar seu poder e sua autoridade em relação à oligarquia. O capítulo seguinte estabelece um contraste interessante ao examinar a defesa e o apoio de Arlindo Veiga dos Santos à monarquia portuguesa, particularmente à luz da concessão, pela princesa Isabel, da liberdade aos escravos remanescentes do Império, um ano antes de ceder o trono aos arquitetos da nascente república em 1889. Além do uso original de dados primários, juntamente com o texto clássico de Clóvis Moura intitulado *Sociologia do negro brasileiro*, Domingues também inicia uma investigação explícita sobre o papel da ideologia na mobilização social e política dos negros. Como diz Domingues, fazendo eco a Clóvis Moura, a trajetória de Arlindo Veiga dos Santos "demonstra que os ativistas negros sempre estiveram vinculados, direta ou indiretamente, às correntes político-ideológicas de sua época".

Há uma área de pesquisa potencialmente rica que está por ser escrita sobre as idéias e o conjunto de normas do movimento negro, que poderiam ser caracterizados como pensamento negro brasileiro. No contexto das Américas, a combinação singularmente contraditória de Arlindo Veiga dos Santos de monarquismo, xenofobia nacionalista, autoritarismo e solidariedade racialista com a comunidade negra sublinha um aspecto ressaltado pelo crítico literário Roberto Gonzalez Echevarria em *The voice of the masters*, de que enquanto a história dos Estados Unidos pode ser caracterizada, ao menos em parte, como predomínio da idéia de raça sobre a de nação, as ideologias nacionalistas latino-americanas subsumiram a categoria raça sob a bandeira da nação. No Brasil e nas outras sociedades nacionais da América do Sul, contudo, a categoria raça, ou, mais especificamente, a prática do racismo contra os povos indígenas e afro-descendentes, cada vez mais deixa de ser obscurecida pelas ideologias nacionalistas da harmonia e da abstenção de realidades racistas.

A cuidadosa leitura que Domingues faz de Veiga dos Santos e das tendências ideológicas de direita na Frente Negra Brasileira também demonstra as maneiras pelas quais, mesmo no Brasil, as ideologias nacionalistas estão implícitas nas ideologias de solidariedade racial, assim como estas últimas estão implícitas nos ideais nacionalistas. Um dos aspectos pouco examinados de muitas ideologias nacionalistas, não apenas nas Américas, mas também no Velho Mundo, é o uso intercambiável dos termos raça e nação, ambos os quais, quando alinhados com o Estado moderno, simbolizam a unidade. Nesse sentido, os sonhos de unidade do Brasil de Veiga dos Santos combinavam raça e nação, não importa quão confusa e contraditória pudesse ser tal conjunção.

Finalmente, em termos conjunturais, a transição da Colônia para o Império e a República no Brasil trouxe consigo lógicas políticas distintas a que escravos e libertos tiveram de se adaptar. Em lugar de enxergar o apoio à monarquia na comunidade negra como sinal de falsa consciência, podemos percebê-lo à luz das liberdades sociais e políticas, ainda que limitadas, oferecidas pelo antigo regime de Dom Pedro II e da princesa Isabel, e do incerto conjunto de liberdades, ou limitações à liberdade, imposto pelos republicanos e seus correlativos tenentistas, respectivamente, em 1930 e 1932. Numa visão comparativa, o papel dos negros brasileiros como soldados, patriotas, abolicionistas e até mesmo adeptos da monarquia pode ser entendido como um conjunto de reações a um momento conjuntural, compartilhando algumas características com os escravos negros que lutaram ao lado dos britânicos durante a Revolução Americana, ou os comandantes negros na Colômbia no limiar da independência, que lutaram por duas formas de liberdade, a nacional e a comunal.

O capítulo final, em apoio à ação afirmativa, é, na minha visão, uma espécie de desvio, em termos temporais e históricos, já que o período coberto por esse capítulo está distante da transição do século XIX para o XX. Mas os temas relativos à igualdade, à justiça e ao acesso ao amplo conjunto de direitos e privilégios para uma população antes escravizada permanecem tão relevantes para a população negra do Brasil de hoje quanto o eram mais de um século atrás.

MICHAEL HANCHARD
Johns Hopkins University

APRESENTAÇÃO

Qual foi o destino dos escravos após o fim do cativeiro no Brasil? Apesar dos avanços na pesquisa histórica, essa é uma pergunta que continua sem resposta definitiva. Um dos trabalhos mais importantes com o intuito de "desvendar" o que aconteceu com o egresso do cativeiro foi realizado por Florestan Fernandes. Para esse sociólogo, uma das tendências dos ex-escravos foi de migrar para as cidades (Fernandes, 1978, v. 1, p. 62). E foi justamente isso que ocorreu com Augusto Alves da Silva, mais conhecido como Augustinho. Ex-escravo, natural da Bahia, mudou-se para São Paulo devido ao tráfico interprovincial de escravos no último quartel do século XIX.

Em 1938, na capital paulista, comemorava-se o cinqüentenário da abolição da escravatura. Augustinho tinha 102 anos de idade. Justamente no dia 13 de maio daquele ano, quando, no meio dos populares, aguardava pela audiência com o prefeito de São Paulo, foi encontrado fortuitamente por um jornalista da *Folha da Noite* e tornou-se objeto de uma reportagem rica de informações intitulada "Alguns instantes de palestra com o 'Rei do Congo'". Falando lentamente sobre sua história de vida, Augustinho pensava em cada palavra proferida. A descrição das cenas era acompanhada de gestos com a cabeça e as mãos: "Em 1860, quando eu me encontrava em São Salvador, na Bahia, tive oportunidade de conhecer o nosso imperador, D. Pedro II. Foi no consulado português. D. Pedro solicitou de alguém um copo de água para tomar. E fui eu quem servi o imperador, como escravo que era. E é com orgulho que me lembro da atitude serena, mas imponente, de D. Pedro II. Uma vez também, se não me engano em Campinas, vi a princesa Isabel e seu marido, o conde D'Eu" (1938).

Questionado sobre sua situação no 13 de Maio de 1888, Augustinho respondeu: "Quando a princesa Isabel assinou a 'Lei Áurea', eu era escravo alforriado da família do Barão de Itatiba, ou melhor da sua viúva. Morava eu em Campinas, nessa época. Desde o começo do ano de 1888 se vinha falando com muita insistência na nossa libertação. Os rumores eram tantos que chegaram aos nossos ouvidos algum tempo antes da assinatura da lei" (1938).

Com a Abolição, Augustinho – assim como muitos egressos do cativeiro – foi marginalizado pela nova ordem social. Vivendo de maneira instável, por vezes em condições degradantes, trabalhou sempre em cargos subalternos ou desqualificados socialmente. "Parece que foi em [18]99", lembra ele. "Neste tempo eu servi no 40º Regimento de Cavalaria da Guarda Nacional, quando então tive oportunidade de defender o marechal Floriano Peixoto. O tempo foi passando. Mais tarde tornei-me empregado da Secretaria da Agricultura, onde exerci o cargo de servente. Ainda nesse cargo, algum tempo depois, passei para a Secretaria de Viação, onde cheguei a tornar-me contínuo da seção de Obras Públicas. E foi aqui que eu me aposentei, com 27 anos de serviço" (1938).

Perguntado sobre o motivo da sua presença na prefeitura, Augustinho declarou: "Há um mês atrás, fui aclamado 'Rei do Congo', para dirigir a congada que o Departamento de Cultura da prefeitura iria promover hoje, quando decorre a data da nossa libertação". Indagado se já havia sido coroado, respondeu: "Ainda não. A coroação estava marcada para hoje, pouco antes da congada. É assim que se procede. O senhor precisava ver a minha roupa, mandada fazer pelo Departamento, bem como a roupa de todo o pessoal da minha corte. A começar pelos sapatinhos, tudo é gracioso e faz com que a gente pense mesmo que é rei, aos menos de alguma coisa" (1938).

Mas, afinal, como surgiu a congada? Desde a escravidão, elegia-se entre os negros congos, escravos ou libertos, um rei que constituía uma corte nos moldes da monarquia portuguesa.[1] Naquela época, todos os negros da nação deviam obediência ao Rei do Congo em troca de proteção. A congada tinha estrutura organizacional diretamente ligada à confraria Nossa Senhora do Rosário dos Homens Pretos. Para existir, entretanto, precisava de autorização das autoridades brancas (Rodrigues, 1982, p. 32). A tradição da congada no meio negro continuou, no pós-Abolição, nos mais diversos rincões do país. Por isso, em 1938, quando se comemorou em São Paulo o cinqüentenário da abolição da escravatura, incluiu-se nas festividades a apresentação da denominada "congada" da prefeitura. O local escolhido para o evento foi a Praça da Sé, no centro da cidade. Todos os preparativos já estavam finalizados. Na última hora, contudo, a apresentação da congada foi suspensa. A revolta discreta do ex-escravo, que seria elevado ao posto de "majestade", foi evidenciada no final da entrevista concedida ao repórter da *Folha da Noite*: "Agora, depois de tantos anos passados, encontro-me aqui, feito 'Rei', à espera de poder falar ao prefeito de São Paulo, para receber suas ordens no sentido de saber se a nossa congada de hoje ainda se realizará ou não" (1938).

Do ponto de vista dos interesses da classe dominante, a congada era uma estratégia ideológica de controle social. Na medida em que introjetava a ilusão de poder político ou prestígio social na "mente" dos negros, ela permitia que tal segmento populacional fosse submetido mais facilmente aos mecanismos de disciplinarização racial e dominação de classe.[2] Já Clóvis Moura entende que a congada cumpre um papel catártico para o negro e "serve para reavivar a memória africana, apesar dos elementos do catolicismo presentes. Embora tênue, a volta da memória africana serve para que esses negros se reencontrem como seres, se rearticulem e procurem manter-se unidos em torno desses símbolos invocados" (Moura, 1983, p. 70). Nesse sentido, a congada não produziria alienação; pelo contrário, estaria a serviço da preservação cultural e da construção da identidade étnica do negro no país.

Antes de finalizar este relato preliminar, é pertinente pensar na seguinte questão: por que a prefeitura de São Paulo suspendeu a apresentação da congada que confirmaria o "reinado" de Augustinho em 1938? Suspeita-se que as razões estejam ligadas ao descaso com que as manifestações culturais praticadas pelos negros eram tratadas pelo poder público. É difícil responder a essa pergunta com total segurança, porém há uma certeza: na medida em que foi excluído ou incluído marginalmente no mercado de trabalho, na vida social e no mundo político e submetido às agruras do racismo na ordem republicana, o ex-escravo e seus descendentes passaram a viver no "mundo dos brancos", em regime de semicidadania ou subcidadania. O caso de Augustinho ilustra de maneira cabal essa situação que assolou a "população de cor" de São Paulo e – por que não dizer? – do resto do país.

Augustinho é apenas um dentre milhares de negros anônimos que tiveram seus sonhos frustrados devido à insensibilidade das políticas públicas implementadas pela elite brasileira na época. Entrementes, em vez de lamentar, este livro tem como eixo norteador esboçar a luta e a resistência dos afro-brasileiros em alguns momentos do período republicano. Como este livro não foi previamente planejado, mas obra das contingências, um ou outro tópico dos capítulos destoa da proposta mais geral, sem, contudo, deixar de ser importante registro do protagonismo negro.

A proposta do primeiro capítulo é recuperar a história da imprensa negra paulista no período de 1889 a 1930. A princípio, procura-se analisar, em breves notas, a produção acadêmica sobre a temática; em seguida, pretende-se demonstrar de que maneira os jornais produzidos pelos e para os negros constituíram instrumento de elevação moral, inclusão social, mobilização política e consciência racial. Uma das idéias aventadas é a de que a população descendente de africanos em São Paulo se espelhou, em alguns aspectos, na experiência cultural afirmativa das comunidades étnicas de imigrantes europeus.

O segundo capítulo tem como escopo abordar um assunto subexplorado pela historiografia: a luta dos descendentes de africanos pela conquista dos plenos direitos no exercício da cidadania na sociedade brasileira do pós-Abolição. Para tanto, pretende-se delinear a trajetória de dois agrupamentos do movimento social, a Frente Negra Brasileira e o Teatro Experimental do Negro e, num segundo momento, empreender uma análise do discurso desses dois agrupamentos, procurando entender como os descendentes de africanos organizaram um movimento de resistência, marcado pelos embates contra o "preconceito de cor" e a inserção social subalterna no quadro republicano do país.

O terceiro capítulo tem a pretensão de discorrer sobre a participação de milhares de negros na Revolução Constitucionalista de 1932 e, em particular, escrever pioneiramente sobre a história da Legião Negra, com base em fontes documentais que evidenciam sua origem, suas lideranças, sua estrutura organizacional, sua dinâmica de funcionamento, seus métodos de arregimentação, seu desempenho no *front* de batalha, seus episódios marcantes e o papel da mulher negra, dentre outras questões. Pretende-se demonstrar que, a despeito de sua ativa participação, o negro permanece "esquecido" pela memória oficial da Revolução Constitucionalista.

No quarto capítulo, o intuito é fazer um exame das ações afirmativas em benefício da população negra, tendo como eixo a polêmica em torno da instituição de um programa de cotas raciais, principalmente, nas universidades públicas. Sugere-se que tal programa significa um marco na história do país: por um lado, é a primeira vez que o Estado brasileiro busca reparar a população negra pelas injustiças do passado (e do presente); e, por outro, também é a primeira vez que a opinião pública nacional se sensibiliza tanto para o problema do racismo antinegro e discute suas possíveis soluções. Este livro é fruto de parte de minha produção intelectual durante os anos de 2002 a 2006. Paralelamente ao desenvolvimento da pesquisa para minha tese de doutorado, redigi estes textos.

NOTAS

1] Nina Rodrigues avaliza que "a notícia mais remota sobre a instituição do Rei do Congo consta de uma referência que faz a respeito um velho compromisso da irmandade de Nossa Senhora do Rosário da Vila de Iguaraçu [Pernambuco], datado de 24 de junho de 1706, copiado do de igual irmandade da cidade de Olinda, e aprovado por provisão de 8 de abril de 1711" (Rodrigues, 1982, p. 32). No entanto, a historiadora Marina de Mello e Souza (2002, p. 206) encontrou o relato de uma festa de eleição do Rei e da Rainha do Congo que data de 1666, na cidade de Olinda, também em Pernambuco.

2] Depois de alguns anos do seu surgimento, a eleição dos reis do Congo passou a ser referendada pelo chefe de polícia, que possuía poderes para vetar o pleito. Em documento apresentado por Nina Rodrigues, o chefe de polícia na cidade do Recife em 1848, Dr. Antônio Henrique, confirma a nomeação do "preto liberto" Antônio de Oliveira para rei do Congo, todavia, este ficava "obrigado a inspecionar e manter a ordem e subordinação entre os pretos que lhe forem sujeitos" (Rodrigues, 1982, p. 33).

1 | OS JORNAIS DOS FILHOS E NETOS DE ESCRAVOS (1889-1930)

Em 1889, o líder negro abolicionista Ignácio Araújo Lima fundou o jornal *A Pátria*, em São Paulo. Com subtítulo revelador – *Órgão dos homens de cor* –, o jornal tinha um discurso politizado e publicava artigos que discutiam a "emancipação da pátria" e o "13 de Maio". Em formato de tablóide, possuía apenas quatro páginas e poucos anunciantes. Quanto ao expediente, o leitor era informado de que: "correspondência, assinatura e tudo que tiver relação com 'A Pátria', pode ser dirigida ao largo da Sé, n. 2 D, Casa Aymoré". Na primeira página de seu segundo número, o jornal evocava a memória de Rio Branco – político que sancionou a Lei do Ventre Livre em 1871 – e homenageava Feliciano Bicudo e Fernando de Albuquerque, dois companheiros de Ignácio Araújo Lima nas lides abolicionistas.

Em agosto de 1889, *A Pátria* devotava grande espaço para debater a crise política do país no período. Com o regime monárquico moribundo, a implantação ou não da República era o assunto que despertava a atenção da opinião pública: "Para nós, homens de cor, em nada influi a queda dos conservadores, assim como a ascensão dos liberais ao poder. A política conservadora foi sempre para nós a da perseguição e da opressão". Isto é, para as "pessoas de cor" que se aglutinavam em torno do jornal *A Pátria*, tanto o Partido Liberal quanto o Partido Conservador tinham uma postura de desdém com a "sorte dos descendentes da raça africana". Como alternativa, defendiam o Partido Republicano; este seria o "único" que poderia garantir seus "direitos de cidadãos, identificando-os perante a sociedade, combatendo todos os preconceitos que existem infelizmente contra a raça de cor, ensinando-os a procurar na educação, no trabalho, na família, a solidificação de seus direitos e a igualdade ante as outras raças" (*A Pátria*, São Paulo, 2 ago. 1889, p. 2).

Pouco mais de três meses depois, a República foi instalada no país. Todavia, não se confirmou o vaticínio do jornal. Com a abolição do sistema escravocrata em 1888 e a instauração da República em 1889, a classe dominante empreendeu um projeto político assentado nos postulados do "racismo científico e do darwinismo social e lançou o Brasil numa campanha nacional [...] para substituir a população mestiça brasileira por uma população 'branqueada' e 'fortalecida' por imigrantes europeus" (Andrews, 1991, p. 32). Os ex-escravos e seus descendentes foram abandonados a toda ventura, e muitos deles passaram a viver em estado de penúria. Para mudar esse quadro desfavorável, um grupo de afro-brasileiros fundou o que se denominou "imprensa negra", uma série de jornais alternativos voltados para a luta em defesa dos interesses da "classe dos homens de cor".

Em janeiro de 1904, um daqueles jornais republicava uma interessante nota de saudação:

> *Poucas vezes sentimos entusiasmo com o aparecimento de um jornal, muito embora a sua apresentação ao público traga promessas que satisfaçam as aspirações as mais legítimas [...]. Pretende ele ser o legítimo órgão da classe de homens de cor, levantar essa classe há muito tempo aviltada em nosso país.*
>
> *É por isto que esse jornal é digno dos maiores encômios e da mais elevada simpatia por parte da população campineira, e todo homem amante da liberdade e do engrandecimento do nosso país não pode deixar de o ver com bons olhos [...].*
>
> *É mais que louvável, honra inteiramente a classe dos homens de cor, a sustentação de um órgão que, pugnando pelos interesses da classe, ao mesmo tempo os prepare para as lutas da vida, ensinando-os a ser cidadãos no*

mais restrito sentido da palavra [...]. Ao Baluarte, pois, as nossas felicitações entusiásticas e o protesto da nossa admiração e estima. (O Baluarte, Campinas, 15 jan. 1904, p. 1)

Essa nota informativa foi originalmente publicada por um jornal da grande imprensa, *O Comércio de Campinas*, em 20 de dezembro de 1903 e republicada em 15 de janeiro de 1904 nas páginas de *O Baluarte* ("Órgão oficial do Centro Literário dos Homens de Cor – Dedicado à defesa da classe"), o semanário saudado, precursor da imprensa negra na cidade de Campinas. Antes de *O Baluarte*, só localizamos *A Pátria*, provavelmente o primeiro jornal da imprensa negra do Brasil.

Segundo Miriam Nicolau Ferrara, a imprensa negra era responsável pela formação da ideologia de um grupo específico. E foi por intermédio dessa imprensa que o afro-brasileiro desenvolveu "uma consciência e solidariedade étnicas", que o "grupo negro" se organizou para "preservar ou manter suas características frente à discriminação social, política e econômica" (Ferrara, 1986, p. 25).

Enfocando as mais diversas mazelas que afetavam a população negra no âmbito do mercado de trabalho, da habitação, da educação e da saúde, os jornais da "classe dos homens de cor" serviam de veículo denunciatório do regime de "segregação" racial que incidia na cidade de São Paulo no pós-Abolição, impedindo o negro de ingressar em determinados hotéis, clubes, cinemas, teatros, restaurantes, orfanatos, estabelecimentos comerciais, religiosos, algumas escolas, ruas e praças públicas.[1] As páginas daqueles jornais tornaram-se uma tribuna privilegiada para pensar em soluções para o problema do racismo na sociedade brasileira.

A PRODUÇÃO ACADÊMICA ACERCA DA IMPRENSA NEGRA

A imprensa negra foi durante um bom tempo desconhecida no mundo acadêmico, como se fosse algo menor e sem importância cultural.

Tanto Nelson Werneck Sodré, em *História da imprensa no Brasil* (1966), quanto Paulo Duarte, em *História da imprensa em São Paulo* (1972), por exemplo, não fazem uma única alusão à produção jornalística específica da comunidade negra no início do século XX.[2] Na avaliação de Clóvis Moura, sua importância foi subestimada em virtude de uma visão etnocêntrica: "Assim como o negro foi marginalizado social, econômica e psicologicamente, também foi marginalizado culturalmente, sendo, por isso, toda a sua produção cultural considerada subproduto de uma etnia inferior ou inferiorizada" (Moura, 1988, p. 205).

O trabalho pioneiro a explorar os jornais alternativos dos negros foi "A imprensa negra do Estado de São Paulo", realizado por Roger Bastide em 1951. O objetivo desse artigo foi procurar entender a "psicologia afro-brasileira" (Bastide, 1951, p. 50). Traçando o perfil dos jornais, Bastide (1951, p. 51) ressaltou que a imprensa negra se caracterizou, em primeiro lugar, por pretender "agrupar os homens de cor, dar-lhes o senso da solidariedade, encaminhá-los, educá-los a lutar contra o complexo de inferioridade". Em segundo lugar, foi "um órgão de protesto". Já Florestan Fernandes tem outro "olhar" para essa documentação. Em seu livro clássico *A integração do negro na sociedade de classes*, avalia que os jornais da "imprensa negra" oferecem "boas pistas, mas poucos dados conclusivos para explicar o que aconteceu" com o negro em São Paulo após a Abolição (Fernandes, 1978, v. 1, p. 141). Paradoxalmente, porém, o sociólogo aproveita amiúde esses jornais como fonte histórica primária, sobretudo no primeiro volume de sua obra.

Depois de uma lacuna de décadas, em 1981 uma pesquisa intitulada "A imprensa negra paulista (1915-1963)", de Miriam Nicolau Ferrara, rompeu com o silêncio e recuperou a história desses jornais. Embora diversos trabalhos tenham surgido nos últimos anos, entendemos que essa dissertação continua sendo uma das investigações mais importantes sobre o assunto. Trata-se de um levantamento sistemático de dezenas de jornais de São Paulo e de outros Estados

(Minas Gerais, Rio de Janeiro, Paraná e Rio Grande do Sul). A autora traçou origem, estrutura, dinâmica de funcionamento e evolução da "imprensa negra", assim como buscou compreender como esses jornais expressavam a mentalidade do negro e, concomitantemente, exploravam algumas temáticas, dentre as quais a representação da África. Segundo Ferrara, "os jornais feitos por negros e para negros, no período de 1915 a 1963, esboçam uma camada social descendente de escravos que, após três décadas de liberdade, consegue articular-se socialmente imprimindo suas idéias e reivindicações" (Ferrara, 1986, p. 33). Seu pressuposto é o de que a imprensa negra fora um instrumento de integração do "homem de cor" – como grupo minoritário – na sociedade brasileira, mas que sofreu a influência da ideologia dominante (Ferrara, 1986, p. 40).

Outra pesquisa que explora a temática é *Jornegro – Um projeto de comunicação afro-brasileira*, de Ubirajara Damaceno da Motta, de 1986. No capítulo "A comunicação dentro da comunidade afro-brasileira", o autor faz uma retrospectiva dos primeiros jornais que apareceram no interior da comunidade negra em São Paulo. A pesquisa tem um enfoque que julgamos inovador. Em vez de apreender a imprensa negra de maneira isolada, insere seu surgimento no quadro mais geral da agitada imprensa alternativa que existia desde o final do século XIX, no qual adquiriram proeminência os jornais operários e anarquistas. O nascente movimento dos trabalhadores fabris que despontara no espaço urbano da capital paulista nas primeiras décadas do século XX certamente influenciou as "lideranças de cor" da época, sinaliza Motta. "O negro percebe nos imigrantes, além do rival que lhe toma as chances de sobrevivência, um exemplo a ser seguido para melhorar seu nível de vida", sendo que uma das primeiras iniciativas dos imigrantes nas ligas, uniões ou sindicatos era a fundação de um jornal (Motta, 1986, p. 78).

O livro *Discriminações raciais: negros em Campinas (1888-1926)*, de Cleber da Silva Maciel, publicado em 1987, investiga o racismo antinegro na cidade de Campinas no pós-Abolição. Essa pesquisa – que originalmente foi apresentada como monografia de mestrado, em 1985 – destina um tópico para esquadrinhar os jornais da imprensa negra. Maciel (1997, p. 27) postula que "findada a instituição escravista, as relações raciais tendem a ser cada vez mais conflituosas, isto é, à medida que iam sendo definidos os termos da sociedade dita livre e que os negros buscavam participar, o racismo emergia nas relações sociais tornando-as mais ríspidas". Assim, esses jornais em Campinas são concebidos como tática para as organizações negras levarem a cabo seus protestos. Afinal, eles refletiriam a consciência que o negro possui da "existência do racismo e da necessidade de combatê-lo". Por fim, Maciel também sugere que o nascimento desses jornais tem de ser inserido no panorama conjuntural do início do século XX, "caracterizado como de grande mobilização popular e de grande produção cultural, de investigação das ciências, de grande crítica social e política" (Maciel, 1997, p. 97). Sua análise se concentra, fundamentalmente, no jornal *Getulino*.

No artigo "A imprensa negra em São Paulo", Clóvis Moura faz um balanço dos jornais que, nas palavras do autor, foram capazes de "refletir especificamente os anseios e as reivindicações, mas, acima de tudo, o *ethos* do universo de uma comunidade não apenas oprimida economicamente, mas discriminada pela sua marca de cor" (Moura, 1988, p. 204). Em sua apreciação, é possível detectar uma mudança na linha editorial dessas publicações.

> [No início ela se preocupava quase exclusivamente com] *informações, notícias e destaques sobre a vida associativa da comunidade negra. Com o tempo, toma conotações de reivindicação racial e social. Isto aconteceu em conseqüência do aguçamento da luta de classe e da exclusão do negro dos espaços sociais mais [bem] remunerados e socialmente compensadores na estrutura do sistema de capitalismo dependente que se formou após a Abolição.* (Moura, 1988, p. 215)

Já a pesquisa *Os sub urbanos e a outra face da cidade – Negros em São Paulo (1900-1930): cotidiano, lazer e cidadania*, de José Carlos Gomes da Silva, de 1990, tem como objetivo compreender o que significava ser cidadão negro na cidade de São Paulo no início do século XX. Para realizar essa empreitada, o autor reconstrói as ações da chamada "elite negra", cujos jornais publicados constituíram o "principal elemento de agregação dos indivíduos". Consultando os jornais *O Kosmos*, *O Clarim da Alvorada*[3] e *A Voz da Raça*, Silva aventa que a imprensa negra cumpria a tarefa de estabelecer comunicação, veicular informações e mobilizar as pessoas em torno do projeto dessa "parcela da coletividade negra" (1990, p. 102). Nesses jornais, diz Silva, "foram inscritos valores, símbolos, projetos políticos etc., em função dos quais estruturou-se uma identidade coletiva e uma imagem do negro em geral, que não passava de uma auto-imagem da própria elite" (Silva, 1990, p. 103).

Outra pesquisa que aborda o assunto é *O movimento negro em São Paulo: luta e identidade*, de Regina Pahim Pinto (1993). No primeiro capítulo, encontramos uma análise da imprensa negra – que serve de mote para a autora entender a dinâmica do movimento negro em São Paulo no início do século XX. Em sua análise, esses jornais "constituíram um importante veículo, por meio dos quais as lideranças negras iniciaram um trabalho de conscientização e mobilização do negro, de valorização de sua identidade e de luta pela sua plena inserção na sociedade. As bandeiras de luta, as campanhas levadas a efeito por esses jornais para conseguir tal objetivo e, ainda, as causas pelas quais lutaram ou o seu posicionamento perante os acontecimentos que diziam respeito ao negro e à sociedade em geral constituem um importante documento para se entender a história do movimento negro" (Pinto, 1993, p. 66).

Da mesma maneira, uma pesquisa que busca reconstituir a história jornalística do protesto negro em São Paulo é a dissertação de mestrado *A luta contra a apatia – Estudo sobre a instituição do movimento negro anti-racista na cidade de São Paulo (1915-1931)*, de Paulino de Jesus

Francisco Cardoso (1993). A proposta do autor é traçar a trajetória da comunidade negra letrada e de seus órgãos de representação – dentre os quais os jornais –, demonstrando de que maneira tais órgãos contribuíram para a consolidação do movimento negro organizado em São Paulo no início do século XX. Os jornais que a princípio funcionavam como mecanismo de afirmação racial, argumenta Cardoso, com o tempo "foram autonomizando-se e passando a expressar não somente os valores partilhados por uma parcela significativa da população negra de São Paulo", mas, também, a dar "vazão aos desejos e necessidades específicas da comunidade de letrados, transformando-se, ao mesmo tempo, em campo e instrumento de intervenção desses intelectuais negros" (Cardoso, 1993, p. 65).

Por sua vez, a dissertação de mestrado *Os arcanos da cidadania – A imprensa negra paulistana nos primórdios do século XX*, de Marinalda Garcia (1999), também retoma a maneira como os jornais dos descendentes de escravos, sobretudo na década de 1920, empreenderam múltiplas tentativas de construção de uma "cidadania negra", fundada nos mecanismos legais da ordem estabelecida e submetida ao projeto das elites paulistas. Na avaliação de Garcia, a referida imprensa foi um "agente transformador e formador de valores e símbolos" que simplesmente inauguraram a idéia de modernidade no meio negro (1999, p. 13). No entanto, o que a autora considera mais significativo – em matéria de novidade dessa produção jornalística – "são as dissimulações utilizadas [pelo negro] para manter um padrão de informação e não perder a voz. Por isso, os autores das notícias utilizavam-se de metáforas, leis e discursos a determinada pessoa do grupo, com o intuito de marcar presença nos assuntos que permeavam o universo das sociedades" (Garcia, 1999, p. 100).

Outra dissertação que adota a imprensa negra como eixo de análise é *O ressurgir das cinzas – Negros paulistas no pós-Abolição: identidade e alteridade na imprensa negra paulistana*, de Marina Pereira Mello (1999). A autora concebe essa imprensa como um canal de integração do "negro nacional" em um mundo que, além de "celebrar o estrangeiro", transforma-o em um ser "invisível, inaudível, incapaz e inútil". No início da ordem republicana, esses jornais pleiteavam superar o quadro de abandono do negro mediante a "elaboração de uma nova tábua de valores, que fosse capaz de reverter os estigmas e os preconceitos".

Para Mello, os jornais eram movidos por uma permanente contradição ideológica: a imagem construída do "negro ideal", sintonizado com os valores vigentes, tais como "ordem, progresso, civilização, polidez, dentre outros", não correspondia à experiência de vida do "negro real", cujo cotidiano era pautado por "lazer, ócio e festa" (Mello, 1999, p. 115).

Já a pesquisa *Beleza e ascensão social na imprensa negra paulistana (1920-1940)*, de Maria Aparecida de Oliveira Lopes (2001), examina as representações simbólicas e as práticas do embelezamento do negro veiculadas em três jornais: *O Clarim da Alvorada*, *Progresso* e *A Voz da Raça*. Abordando um assunto subexplorado na literatura especializada, Lopes demonstra que esses jornais difundiram um padrão de beleza geralmente ligado ao ideal de branqueamento, mas que funcionou como estratégia de inclusão social. Na ótica da autora, é por meio da "adesão a certos modelos de cuidados com o corpo, em particular com o embelezamento e com a ornamentação, que vamos delineando a resistência, a acomodação ou a ascensão do negro frente às barreiras e exigências da sociedade" (Lopes, 2001, p. 5).

PERIODIZAÇÃO DA IMPRENSA NEGRA

O primeiro jornal de que Roger Bastide (1951) tomou conhecimento foi *O Menelik*, de 1915. O jornal recebeu esse título em homenagem ao "grande rei da raça preta", Menelik II, da Etiópia, falecido em 1913. Desse marco inicial, Bastide divide a história da imprensa negra em três fases: a primeira, pós-1915; a segunda, de 1930 a 1937; e a terceira, pós-1945. A primeira fase corresponde ao período que se inicia na Primeira Guerra Mundial (1914-19) e se estende até 1929, com a publicação dos jornais *Princesa do Oeste* (1915), *O Xauter* (1916), *O Bandeirante* (1918), *O Alfinete* (1918), *A Liberdade* (1918), *Kosmos* (1922), *O Clarim da Alvorada* (1924), *A Tribuna Negra* (1928) e *Quilombo* (1929). Segundo Bastide (1951, p. 52), os jornais dessa fase davam importância demasiada para noticiar a vida social da comunidade negra e empreendiam, cada vez mais, a política de protesto racial. A segunda fase se estende de 1930 a 1937, com a publicação dos jornais *O Progresso* (1931), *Promissão* (1932), *Cultura, Social e Esportiva* (1934), *O Clarim* (1935) e especialmente *A Voz da Raça* (1933). Esse é o período da formação, do desenvolvimento e do apogeu da Frente Negra Brasileira, que, ainda segundo Bastide, significa "a passagem da reivindicação jornalística à reivindicação política". A terceira fase é a que se segue à retomada do regime democrático, em 1945, com o surgimento dos jornais *Alvorada* (1945) e *Senzala* (1946) (Bastide, 1951, p. 52-53).

Miriam Ferrara propõe outra periodização para a história da imprensa negra. Segundo a autora, esses jornais podem ser divididos em três períodos distintos: o primeiro, de 1915 a 1923; o segundo, de 1924 a 1937; e o terceiro, de 1945 a 1963. No primeiro período, a linha editorial é voltada para a integração do negro na sociedade brasileira. Sua preocupação central é noticiar a vida social da comunidade negra; não há preocupação com a realização de um trabalho sistemático de conscientização racial. Em 1924, com a fundação do jornal *O Clarim da Alvorada*, inaugura-se o segundo período, marcado pelo discurso da combatividade. A produção jornalística atinge seu ponto mais alto em 1933, com a fundação do periódico *A Voz da Raça*, o veículo de comunicação da Frente Negra Brasileira. A palavra de ordem dominante é "unir o grupo negro para, mais fortalecido, reivindicar direitos e reclamar sua participação na sociedade" (Ferrara, 1986, p. 104). Esse período termina com a implantação da ditadura do Estado Novo, em 1937. Com a redemocratização do país em 1945, o movimento negro se rearticula. Assim, opera-se o ressurgimento da imprensa negra, por meio sobretudo do jornal *Alvorada* (1945).

O terceiro período (1945-1963) é marcado por uma série de mobilizações políticas, com os negros se filiando a partidos políticos ou se candidatando a cargos eletivos (Ferrara, 1986, p. 30). No entanto, é necessário repensar essa categorização. Conforme assinala Regina Pinto (1993, p. 61), o fato de o negro fundar jornais que denunciavam seus problemas, procuravam caminhos para resolvê-los, apregoavam a necessidade de união, enfim, o fato de o negro se colocar como grupo desde os primeiros jornais, com reivindicações e problemas específicos, já se configura como um ato político.

O recorte temporal de nossa pesquisa inicia-se com o jornal *A Pátria* (1889), passa por *O Baluarte* (1903) e se estende até o fim da Primeira República (1930). No ano seguinte, 1931, foi fundada a Frente Negra Brasileira e, dois anos depois, essa entidade publicou o jornal *A Voz da Raça*, que sela o início de uma nova etapa da imprensa negra. No intervalo ora proposto (1889-1930), é possível identificar, em linhas gerais, duas fases da imprensa negra. Na primeira, de 1889 a 1922, os jornais tinham um discurso defensivo e às vezes resignado com relação ao drama do racismo. Por exemplo, nas páginas de *O Menelik*, o uso da palavra combate era indesejado: "Para conquistar amizade geral, que futuramente esperamos obter, expulsaremos apiedosamente das colunnas d'O Menelik este vocábulo chamado combate. Nunca procuraremos combater, embora haja base. Seremos como o humilde servidor que não combate contra a força, usaremos para tal fim o provérbio velho: o calado vence" (*O Menelik*, São Paulo, 17 out. 1915, p. 1).

A segunda fase da imprensa negra (1923-1930) inaugura-se com a fundação do periódico *Getulino*[4] em 1923. Esse jornal tinha um discurso mais explícito de denúncia da discriminação racial. Já no primeiro número, apresentava uma matéria atacando a linha de cor que separava negros e brancos nos passeios públicos em Campinas. Segundo o *Getulino*, um "velho costume" obrigava os negros a "passearem por fora do jardim Carlos Gomes". Suas primeiras páginas traziam sempre um editorial debatendo idéias sobre as questões políticas, sociais ou raciais. Esse jornal também tinha uma postura ideológica mais combativa. No segundo número, afirmava: o *Getulino* "não vive de comodismo. [...] Este periódico é o resultado do fel vinagre que derramaram no nosso meio. Quem planta ventos colhe tempestade". A missão do jornal seria lutar para que a "emancipação completa da raça outrora oprimida se torne realidade" (*Getulino*, Campinas, 12 ago. 1923, p. 1). Por sinal, essa foi a primeira vez que um jornal conclamou pela "emancipação completa" dos negros no Brasil. Por isso, julgamos que a linha editorial de *Getulino* tinha um caráter mais reivindicativo e propositivo. Além disso, o jornal era menos irônico, mais bem subdividido – com colunas diversificadas – e mais extenso, com maior volume de noticiários que os anteriores.

O NASCIMENTO DA IMPRENSA NEGRA

No período pós-Abolição, os negros eram representados de forma negativa pelos jornais da grande imprensa. Em linhas gerais, eram objeto de notícias sensacionalistas, sendo chamados de ladrões, assassinos, desordeiros, prostitutas, bêbados, vagabundos. Ademais, imperava o silêncio e a invisibilidade. O espaço reservado nesses jornais para abordar dificuldades, eventos, feitos e anseios da comunidade negra era praticamente nulo.

Na mesma época, havia intensa publicação de jornais alternativos voltados para públicos específicos, entre os quais se distinguiram os periódicos das colônias estrangeiras, escritos na língua de cada país: o *Fanfulla*, fundado em 1891, pertencia à comunidade italiana; o *Diário Español*, publicado desde 1897, representava a comunidade espanhola; *Le Messager de São Paulo*, fundado também em 1897, a comunidade francesa; e o *Fata Lubnan*, lançado em 1912, a comunidade árabe. Esta era a relação de jornais de colônias estrangeiras publicados, segundo o *Anuário Estatístico de São Paulo* de 1917:

LÍNGUA (NACIONALIDADE)	N° DE JORNAIS
Portuguesa	39
Italiana	3
Espanhola	1
Francesa	2
Árabe	4

Fonte: *Annuario Estatístico de São Paulo*, 1917, vol. 1, p. 220.

Todavia, alguns desses jornais também mostravam os negros de forma pejorativa (Motta, 1986, p. 81). Foi nesse contexto de agitada imprensa alternativa que nasceram os jornais produzidos por negros e voltados para tratar de suas questões – a assim denominada *imprensa negra*[5]. Tratou-se de um veículo de comunicação, expressão cultural, articulação de idéias e reivindicação de um segmento sem voz ou visibilidade. De acordo com José Correia Leite, um dos célebres editores desses jornais: "A comunidade negra tinha necessidade dessa imprensa alternativa. Não se tinha outro meio a não ser copiar o que as colônias estrangeiras faziam. O negro, de certa forma, era também uma minoria como os italianos, os alemães, os espanhóis. E todos eles tinham jornais e sociedades. As publicações negras davam aquelas informações que não se obtinha em outra parte" (Leite, 1992, p. 33).

O negro egresso da escravidão considerava que o imigrante, a despeito de desalojá-lo de oportunidades, era uma referência positiva de comportamento étnico na qual a comunidade negra, em seu conjunto, devia se espelhar. Os imigrantes primavam por se organizar em clubes, associações recreativas ou culturais, sendo que uma das primeiras providências de suas associações era publicar um jornal para a difusão de seus ideais.

Como assinalado, Ubirajara Motta considera que a imprensa negra também sofreu influência da imprensa operária ou anarquista, existente desde o último quartel do século XIX (Motta, 1986, p. 78). Jornais negros e operários apresentavam semelhança tanto de conteúdo quanto de aspectos gráficos (como os elementos da capa e o posicionamento dos itens visuais do cabeçalho). Além disso, ambos os tipos de jornais mantinham uma linha editorial voltada para denunciar e solucionar os problemas que cada grupo específico enfrentava na luta pela sobrevivência em São Paulo.

Uma questão importante é identificar o caráter de classe da imprensa negra. Segundo Roger Bastide (1951), essa imprensa constituía-se em autêntico porta-voz do pensamento da população negra. Ora, esses jornais não revelavam todas as contradições ideológicas que permeavam o complexo universo de tal população. Pelo contrário, eram porta-vozes dos movimentos sociais do meio negro ou, antes, de sujeitos letrados que se apresentavam como lideranças desses movimentos. Nessa perspectiva, os jornais não expressavam o pensamento do conjunto plural e multifacetado da população negra, mas fundamentalmente o de um setor minoritário, conhecido como "elite negra". Um dos jornais, inclusive, intitulava-se justamente *Elite*.[6] É importante ressaltar que o uso do termo "elite negra" é uma referência ao papel de direção político-ideológica que esse determinado setor exerceu no meio negro no período. Nesse caso, "elite" não tem sentido socioeconômico (Silva, 1990, p. 103). Aliás, não podemos ter ilusões: os negros que produziam aqueles jornais não eram proprietários dos meios de produção. Em sua maioria, eram provenientes dos estratos inferiores e intermediários da estrutura de classes: funcionários públicos subalternos, técnicos de nível médio, profissionais liberais, artesãos etc.

MAPEANDO A IMPRENSA NEGRA

O quadro de catalogação a seguir foi feito com base no levantamento de minha pesquisa empírica e em lista de outras pesquisas e relaciona os periódicos publicados entre 1889 e 1930 no Estado de São Paulo.

Provavelmente essa listagem não é completa, pois há indícios da publicação de outros jornais dirigidos à comunidade negra no interior do Estado, naquele período, que ainda não vieram a lume pelo atual estágio da pesquisa histórica.

TÍTULO	1ª EDIÇÃO	ÚLTIMO ANO ENCONTRADO	INFORMAÇÕES DA PUBLICAÇÃO
A Pátria	1889	–	Fundado na cidade de São Paulo pelo tipógrafo abolicionista Ignácio Araújo Lima
O Baluarte	1903	1904	Fundado em Campinas por Benedicto Florêncio, jornalista, e Francisco José de Oliveira
O Propugnador	–	1907	Fundado na cidade de São Paulo
A Pérola	1911	1916	Fundado na cidade de São Paulo por Benedito Prestes, funcionário da Cia. de Gás
O Combate	1912	–	Fundado em Campinas
O Patrocínio	1913	–	Fundado pelo dr. Olimpio Gentil de Arruda
O Menelik	1915	1916	Fundado na cidade de São Paulo por Deocleciano Nascimento (na época, fundidor e estudante do curso noturno de contabilidade do Liceu Salesiano)
Binóculo	1915	–	Fundado na cidade de São Paulo por um grupo de rapazes na Barra Funda, era chefiado por Teófilo de Camargo, alfaiate
A Princesa do Oeste	1915	–	Fundado na cidade de São Paulo

(continua...)

(...continuação)

TÍTULO	1ª EDIÇÃO	ÚLTIMO ANO ENCONTRADO	INFORMAÇÕES DA PUBLICAÇÃO
A Rua	1916	1916	Jornal que foi lançado no bairro do Brás, cidade de São Paulo, por Domingos José Fernandes
O Xauter	1916	1916	Fundado na cidade de São Paulo por Deoclecio Miné
A União	1917	–	Fundado em Campinas
O Alfinete	1918	1921	Fundado na cidade de São Paulo por Augusto Euzébio de Oliveira, solicitador
O Bandeirante	1918	1919	Fundado na cidade de São Paulo por Antonio dos Santos e Joaquim Cambará (militar do Exército), entre outros
A Liberdade	1919	1920	Fundado na cidade de São Paulo por Gastão R. da Silva, fiscal municipal
A Protetora	1919	–	Fundado em Campinas
A Sentinela	1920	1920	Dirigido por Ernesto A. Balthasar na cidade de São Paulo
O Kosmos	1922	1925	Fundado na cidade de São Paulo sob a chefia de Frederico Batista de Souza, bedel e depois amanuense da Faculdade de Direito do Largo São Francisco
Getulino	1923	1926	Fundado em Campinas por Lino Guedes e Gervasio Moraes, jornalistas
Elite	1923	1924	Fundado na cidade de São Paulo por Alfredo E. da Silva, funcionário da Recebedoria de Rendas
O Tamoio	1923	1923	Fundado por Alberto Orlando, jornalista e considerado distinto "orador da raça"

(continua...)

(...continuação)

TÍTULO	1ª EDIÇÃO	ÚLTIMO ANO ENCONTRADO	INFORMAÇÕES DA PUBLICAÇÃO
A Princesa do Norte	1924	–	Editado por Antônio Silva, na cidade de São Paulo
O Clarim da Alvorada	1924	1940	Fundado por Jaime de Aguiar, funcionário público estadual, e José Correia Leite, que trabalhava em "serviço de drogaria ou depósito de artigos farmacêuticos"
Nosso Jornal	1924	1924	Fundado na cidade de São Paulo por Teófilo Camargo e Cornélio Aires
Maligno	1924	–	Fundado em Campinas
A Auriverde	1927	1928	Fundado na Capital por João Augusto de Campos
Tribuna Negra	1928	–	Fundado na cidade de São Paulo
O Patrocínio	1928	–	Fundado em Piracicaba
Progresso	1928	1932	Fundado na cidade de São Paulo por Argentino Celso Wanderley, funcionário da Companhia Telefônica
Quilombo	1929	–	Fundado na cidade de São Paulo por Augusto Euzébio de Oliveira

Fonte: Ferrara (1983, p. 42); Bastide (1951, p. 52-4); Pinto (1993, p. 62); vários jornais da imprensa negra, entre os quais *Getulino* (Campinas, 30 dez. 1923, p. 1), *Progresso* (São Paulo, 31 ago. 1929, p. 3), *O Clarim da Alvorada* (São Paulo, 28 set. 1929, p. 2), *A Voz da Raça* (São Paulo, 1 abr. 1933, p. 4); "História dos nossos periódicos (1916-1926)", in: *Alvorada* (São Paulo, 13 maio 1947, p. 5-6); Maciel (1997, p. 98-100). Maciel informa que até 1926 circularam em Campinas ainda os jornais: *Luiz Gama, A Juventude, O Discípulo, A Renascença* e *O Raio*, todos de vida efêmera.

(Nem todos os títulos e exemplares constantes do quadro foram localizados, o que pode implicar a imprecisão de uma ou outra data.)

A NOVA ABOLIÇÃO | 35

Os subtítulos dos periódicos da imprensa negra eram sugestivos. *A Pátria* considerava-se o *Órgão dos homens de cor*; *O Baluarte*, por sua vez, proclamava ser *Dedicado à defesa da classe*; *O Menelik* apresentava-se como *Órgão mensal, noticioso, literário e crítico dedicado aos homens de cor*; *A Liberdade* reivindicava ser um *Órgão crítico, literário e noticioso dedicado à classe de cor*; *O Bandeirante* se declarava *Órgão de combate em prol do reerguimento geral da classe dos homens de cor*; *Getulino* se dizia um *Órgão para a defesa dos interesses dos homens pretos*; e, finalmente, *O Clarim da Alvorada*, um *Órgão literário, noticioso e humorístico*, que, em 1928, adotou como subtítulo *Legítimo órgão da mocidade negra de São Paulo – Pelo interesse dos homens pretos – Noticioso, literário e de combate*.

Os jornais tinham circulação restrita e inserção limitada aos pontos de concentração da comunidade negra. Eram distribuídos e vendidos pelos editores em sua casa ou em eventos sociais específicos – mormente nos bailes das associações recreativas dos "homens de cor". Ofereciam-se gratuitamente muitos exemplares, pois o ideal prevalecia sobre o lucro, que era praticamente inexistente. *O Clarim da Alvorada* destoava disso. Em 1930, ele tinha representantes nos Estados de São Paulo (nas cidades de Santos, Botucatu, Bauru, Sorocaba e Rio Claro), Rio de Janeiro e Bahia (*O Clarim da Alvorada*, São Paulo, 28 set. 1930, p. 2). Quanto a esse último Estado, convém transcrever uma matéria na qual o jornal se vangloriava:

> O nosso órgão, aos poucos, vai-se infiltrando por todo o Brasil, e é sempre aceito por todos; quer pela curiosidade da finalidade, quer pelo entusiasmo dos mais interessados no problema do negro brasileiro. "O Clarim D'Alvorada" está se popularizando dentro e fora do Brasil; assim, podemos afirmar que, no Estado da Bahia, esta folha conta já com um bem elevado número de amigos e leitores. Para sua ampla divulgação, os nossos esforçados companheiros daquele adiantado Estado conseguiram colocar órgão da

mocidade negra, na banca da popularíssima agência de jornais de revistas da exma. sra. Josefa Sampaio, que já se tornou uma grande amiga da nossa folha. Graças aos esforços de nossa patrícia, a remessa do "O Clarim D'Alvorada" tem sido distribuída na cidade de São Salvador com a máxima facilidade. (O Clarim da Alvorada, São Paulo, 23 ago. 1930, p. 1)

Sua reputação alcançou outro Estado do Nordeste, pois "o sr. diretor interino da biblioteca pública de Recife, Estado de Pernambuco, solicitou por carta a remessa de uma coleção do 'O Clarim D'Alvorada', para constar dos arquivos daquela útil instituição da vida literária pernambucana" (O Clarim da Alvorada, São Paulo, 23 ago. 1930, p. 4).

Geralmente, os semanários tinham vida efêmera, porém alguns fugiam a essa regra, como O Kosmos, publicado por quatro anos, de 1921 a 1925; o Progresso, publicado por cinco anos, de 1928 a 1932; e O Clarim da Alvorada, que, apesar de algumas interrupções e atrasos, durou de 1924 a 1932.[7] A periodicidade desses jornais era marcada pela irregularidade (alguns eram semanais, outros quinzenais, mas a maioria era mensal). Essas características não eram exclusividade da imprensa negra. Conforme assevera Paulo Duarte (1972), surgiram muitos jornais em São Paulo, no início do século XX, de vida fugaz e penetração restrita, caracterizados por inconstância e impontualidade.

O número de páginas dos periódicos da "classe dos homens de cor" não era padronizado. Encontramos periódicos de quatro a dezoito páginas. A tiragem era modesta, com exceção de Getulino, que circulava com uma tiragem semanal de 1.500 exemplares, e O Clarim da Alvorada, com uma tiragem mensal que oscilava entre 1.000 e 2.000 exemplares. Tais números eram consideráveis para o período. Quando comparamos com a imprensa de outro grupo específico, como a dos operários, as semelhanças são flagrantes. Em 1912, o jornal A Voz do Trabalhador, órgão informativo da Confederação Operária Brasileira, tinha uma tiragem de 4.000 exemplares, entretanto tratava-se de um jornal de inserção nacional, diferente dos periódicos da imprensa negra paulista, cuja distribuição era local ou regional. As semelhanças continuam: as publicações da imprensa operária também não tinham regularidade significativa de distribuição; os periódicos apareceriam, muitas vezes, com o nome modificado; o espaço da propaganda era diminuto; o formato dos jornais variava, mas predominava o tablóide; não existia a figura do repórter, do profissional da notícia; o público leitor era restrito e de ínfimo poder aquisitivo (Ferreira, 1978).

A quantidade de leitores "negros" e "mulatos" do jornal *O Clarim da Alvorada* – que possivelmente equivalia ao número da tiragem, entre 1.000 e 2.000 exemplares[8] – é razoável, na medida em que o número estimado desses dois segmentos para a capital, em 1920, era de 52.112 pessoas, representando 9% da população total da cidade de São Paulo (Fernandes, 1978, v. 1, p. 108). Assim, é permitido especular, em valores aproximados, que de 2% a 4% do montante de "negros" e "mulatos" em São Paulo eram leitores do jornal *O Clarim da Alvorada*. No entanto, se analisarmos a quantidade de leitores à luz do índice de analfabetismo no meio negro, podemos ter uma noção mais apurada do grau de abrangência desse periódico. Na ausência dos itens "cor" ou "raça" nos censos oficiais, utilizamos como parâmetro conjectural a pesquisa realizada pelo Coronel Lobo da Silva (1928) com os convocados a prestar o serviço militar no Estado de São Paulo nos anos de 1922 e 1923. Do total de jovens examinados na pesquisa, 51,6% dos pretos e 43,1% dos mestiços eram analfabetos. Apesar de serem uma amostra pontual, essas taxas indicam que o analfabetismo era um mal de que padecia a população negra nas primeiras décadas da República. Nesse contexto, ter aproximadamente de 1.000 a 2.000 leitores "negros" e "mulatos" para uma única publicação é um feito. No universo dos alfabetizados, estimamos que entre 4% a 8% da "população de cor" de São Paulo mantinha contato com *O Clarim da Alvorada*.

É difícil mensurar objetivamente a aceitação da imprensa negra por parte dos afro-paulistas. De qualquer maneira, localizamos uma carta publicada no *Getulino* cujo remetente expressa contentamento em face da criação de um jornal "dirigido, escrito e mantido por homens pretos": "Sendo, de há muito annos, a minha maior aspiração ver, apalpar e deliciar-me na leitura de um jornal dirigido, escripto e mantido por homens pretos, não poderão medir V.V.s.s. o meu enthusiasmo ao ter em minhas mãos o 'Getulino' fadado como está a levar avante a nobre ideia de defender os interesses dos homens de côr" (*Getulino*, Campinas, 30 dez. 1923, p. 1).

Apesar da ampla rede de pessoas envolvidas naquela modalidade de imprensa, Regina Pinto aponta que eram apenas quinze ou dezesseis ativistas que efetivamente tiveram atuação mais consistente, quer pelo tempo do engajamento quer pela diversidade de funções que desempenharam (Pinto, 1993, p. 63). Na amostragem elaborada por Marina Mello para os anos de 1915 a 1923, foi possível recuperar onze dos principais nomes que militaram na imprensa negra: Abílio Rodrigues, Benedito Vianna, Benedicto de Oliveira Paula, Deocleciano Nascimento, Frederico Baptista de Souza, Gastão Rodrigues da Silva, Gentil Marcondes, Joaquim Cambará, Joaquim Domingues, Marcos dos Santos e Pedro Chirico (Mello, 1999, p. 75). Cumpre observar que era comum a participação simultânea desses colaboradores em mais de um jornal e, muitas vezes, os artigos eram assinados por pseudônimos.

Os módicos anúncios publicitários faziam parte da maioria dos exemplares, mas não constituíam uma fonte segura de recursos. Os anunciantes eram, em sua maior parte, membros da própria comunidade negra e ofereciam seus produtos e serviços de contabilidade, odontologia, advocacia, alfaiataria etc. Com irrisória publicidade e parcos recursos, como os periódicos da imprensa negra eram financiados? Quem responde é Raul Joviano Amaral, colaborador de alguns daqueles títulos:

> *Uma das maneiras de sustentar esses jornais era franquear as sociedades negras existentes na época, distribuí-los e pedir uma contribuição para o próximo número. Os próprios diretores, os próprios redatores iam levá-los às sedes dessas associações. Com o tempo foram criadas cooperativas.*

[...] Seu êxito se deve a homens humildes como Tio Urutu, que era um cozinheiro do Instituto Disciplinar, como José Correia Leite, que era auxiliar de uma drogaria, o qual, além de escrever e orientar o jornal, tirava dos seus parcos vencimentos uma parcela para mantê-lo, para que ele pudesse sair com alguma regularidade. Outros abnegados da imprensa negra foram Jayme Aguiar, o argentino Celso Wanderley, com O Progresso, *Lino Guedes e Salatiel Campos. Todos contribuíam com duzentos réis ou um tostão, o máximo um cruzeiro, para que o jornal saísse. O jornal* O Clarim da Alvorada, *por isso mesmo, nunca teve caixa e, como o objetivo da imprensa negra era difundir à comunidade negra as suas idéias, os seus organizadores nunca procuraram organizações financeiras para ajudá-la. Também não procuravam políticos da época. Sem ter praticamente anúncios, ela vivia da solidariedade. Foi dentro deste espírito que a imprensa negra viveu.* (Apud Moura, 1988, p. 215)

Portanto, a solidariedade étnica da comunidade negra foi o fator determinante para a existência de uma imprensa própria. Outras maneiras de granjear recursos foram a realização de rifas e campanhas de assinaturas, a promoção de festas e leilões beneficentes. Como foi registrado pelo antigo ativista Raul Joviano Amaral, os núcleos fundadores daqueles jornais eram organizados de maneira muito débil e enfrentavam uma série de dificuldades estruturais. Vale reiterar: a escassez de recursos e a improvisação imprimiam a dinâmica das publicações. As tipografias eram artesanais, instaladas às vezes na casa dos editores, que, por sinal, eram jornalistas amadores e muitas vezes tiravam dinheiro do próprio bolso para assumir as despesas cotidianas das edições. Regina Pinto assinala que "as pessoas que ali trabalhavam, além da pouca escolaridade, raramente detinham algum conhecimento específico de jornalismo, diagramação, impressão. As coisas eram feitas com a ajuda esporádica de amigos que conheciam alguns rudimentos de jornalismo, e através do método do ensaio e erro. Enfim, aprendia-se fazendo" (Pinto, 1993, p. 67).

Era comum abrir espaço nos jornais para os elementos da comunidade negra escreverem seus contos e suas poesias. Não menos freqüente era a prática de alcovitar sobre a vida pessoal dos elementos dessa comunidade, noticiando sobretudo comportamentos considerados desviantes ou desabonadores (*O Alfinete*, São Paulo, 4 jan. 1919). Entretanto, essa não era uma prerrogativa exclusiva da imprensa negra. Como relata Paulo Duarte (1972), era inerente aos pequenos jornais que surgiram em São Paulo no início do século XX interferir na esfera privada dos indivíduos e até fazer calúnias a respeito da vida alheia, como era o caso dos periódicos *A Rolha* e *O Parafuso* (1914-1922).

Outra característica da imprensa negra era o discurso puritano de combate à vadiagem, à vida boêmia e ao uso de bebida alcoólica. O negro deveria ser trabalhador, honesto e cumpridor de seus deveres, além de zelar pela moral e pelos bons costumes. Na perspectiva de Bastide, o puritanismo "preto" seria um sinal de ascensão racial, que separava os valores de uma "classe média" emergente dos da "plebe de cor". Esta seria "preguiçosa, alcoolizada, supersticiosa, imoral", ao passo que aquela seria "instruída, trabalhadeira e vivia na dignidade e na respeitabilidade" (Bastide, 1951, p. 71). Uma carta enviada ao redator do jornal *O Alfinete* censurava o consumo de bebida alcoólica:

> Li há dias num jornal de Sorocaba que uma sociedade recreativa d'aquela cidade deliberou, em reunião, abolir o uso de bebidas alcoolicas por occasião de suas festas, permittindo tão sómente o uso das bebidas sem álcool, como sejam: nectar, sisi, gazosa e etc.
>
> Abolindo o álcool do seio das nossas sociedades, e mesmo das mezas dos nossos lares, muito conseguiremos em favor da nossa classe de côr.
>
> Creio não haver nisto offensa alguma, pois, simplesmente o ideal de quem estas linhas subscreve, é ver os seus irmãos ao lado d'aquelles que sabem presar a sua côr, amar a virtude e despresar o vício. (*O Alfinete*, São Paulo, 28 ago. 1921)

A assiduidade dos negros nos bailes da "raça" também era condenada: "Negros de São Paulo, basta de tanto dançar e de tantas banalidades! – O nosso desleixo da propria causa, é um crime imperdoável" (*Zuavos*, São Paulo, 13 abr. 1930, p. 2)[9]. O discurso puritano não era um apanágio da imprensa negra. Perpassava, outrossim, pela imprensa alternativa dos anarquistas e pelos jornais das "colônias" étnicas radicadas em São Paulo. Tanto nas associações culturais e recreativas negras como nas operárias e dos imigrantes, a moralização dos costumes, a valorização da educação, o combate ao alcoolismo e o controle do comportamento dos indivíduos nos espaços públicos estendiam-se das páginas dos jornais até os bailes.[10]

Alguns jornais da imprensa negra nasceram como publicações das associações dos "homens de cor". Daí seu caráter de órgão noticioso dos batizados, aniversários, noivados, casamentos, falecimentos, formaturas, nomeações, enfim, dos eventos sociais e da vida pessoal dos afiliados dessas associações, principalmente. O quadro abaixo lista algumas delas, acompanhadas da respectiva publicação:

ASSOCIAÇÃO	JORNAL
Centro Literário dos Homens de Cor	O Baluarte
Sociedade Propugnadora 13 de maio	O Propugnador
Sociedade Recreativa XV de Novembro	A Pérola
Grêmio Bandeirantes	O Bandeirante
Grêmio Dramático, Recreativo e Literário "Elite da Liberdade"	Elite
Grêmio Dramático e Recreativo Kosmos	O Kosmos
Club dos Zuavos	Zuavos
Centro Cultural Henrique Dias	Quilombo
Associação Protetora dos Brasileiros Pretos	A Protetora

Fonte: jornais da imprensa negra; Pinto (1993, p. 75).

Era comum os jornais noticiarem a romaria cívica que se realizava no 13 de Maio ao túmulo dos abolicionistas no Cemitério da Consolação (*O Clarim da Alvorada*, São Paulo, 17 abr. 1927). A construção de heróis negros era outra preocupação permanente ("Negros famosos na história do Brasil", *O Clarim da Alvorada*, São Paulo, 6 jan. 1929, p. 3). Luís Gama era a figura mais celebrada, seguida pelos abolicionistas José do Patrocínio e André Rebouças, pelo "guerreiro" Henrique Dias e pelo escritor Cruz e Souza (*Progresso*, São Paulo, dez. 1930, p. 1). Por outro lado, negros ou movimentos que engendraram formas mais radicalizadas de luta contra a opressão foram pouco lembrados – como Zumbi, principal líder do Quilombo dos Palmares – ou simplesmente esquecidos; foi o caso da Revolta dos Malês em 1835 e de João Cândido, marinheiro que dirigiu a Revolta da Chibata em 1911. Em minha avaliação, a imprensa negra inclinou-se a traçar uma estratégia conciliatória de combate ao "preconceito de cor", por isso líderes como Zumbi ou João Cândido não foram heroicizados nem tiveram suas lutas consideradas modelos ideais de protesto que devia ser levado a cabo pelo negro.

Paradoxalmente, a celebração histórica de alguns brancos da elite política era recorrente. É possível encontrar em praticamente todos os números dos jornais *O Progresso* e *O Clarim da Alvorada* pelo menos um artigo ou nota ressaltando as supostas virtudes de Visconde de Rio Branco (por exemplo, *Progresso*, São Paulo, 30 nov. 1930, p. 3), a "generosidade" de D. Pedro II (por exemplo, *Progresso*, São Paulo, dez. 1930, p. 2), a "coragem" de José Bonifácio (por exemplo, *Progresso*, São Paulo, 7 set. 1928, p. 1) – descrito como o patriarca da Independência – e elogios à princesa Isabel, considerada "a redentora da raça negra" (*Progresso*, São Paulo, 15 nov. 1928, p. 3). Por sinal, a morte da princesa Isabel na Europa foi noticiada com consternação em 1921: "Bendicta sejaes vós, Altíssima Senhora; descansas em paz, enquanto aqui ficamos admirando o vosso caracter, o vosso patriotismo, a grandeza de vossa alma" (*O Alfinete*, São Paulo, dez. 1921).

Outra característica da imprensa negra foi o predomínio absoluto dos homens. Pela investigação realizada por Regina Pinto entre 1907 e 1937, constatou-se que, dos 244 colaboradores computados, apenas 15 eram mulheres. Estas também estiveram ausentes dos cargos de chefia: "apenas uma mulher integrou o corpo editorial do jornal *O Clarim* em 1935, exercendo a função de redatora" (Pinto, 1993, p. 64). Em determinado número de *O Clarim da Alvorada*, propagava-se uma concepção de família de modelo patriarcal: "A grande obra da acção negra no Brasil deve começar pela família pois que é ella a célula-mãe de toda a sociedade civil. E a família é a união do varão e a esposa com seus filhos, debaixo do governo do varão" (*O Clarim da Alvorada*, São Paulo, 13 maio 1927, p. 3). Em um editorial do jornal *Getulino*, o "machismo" ficava mais explícito quando era definido o papel social da mulher: "a mulher foi criada para mãe, para doce companheira do homem e, nesse sentido, a sua constituição física e moral é para o completo desenvolvimento dessa missão" (*Getulino*, Campinas, 2 set. 1923, p. 1).

Contudo, é necessário atenuar o rigor do julgamento. Afinal, o mesmo jornal *O Clarim da Alvorada*, a partir do seu número de 3 de junho de 1928, passou a manter uma coluna específica para tratar da "questão da mulher" denominada Página Feminina. Tal iniciativa foi o primeiro espaço editorial do gênero no bojo da imprensa negra.

O BRASIL E O MUNDO NAS PÁGINAS DA IMPRENSA NEGRA

Pelo fato de tratar de questões predominantemente ligadas à comunidade negra, essa imprensa é definida como "adicional" (Bastide, 1951, p. 51). Os jornais funcionavam como uma espécie de suplemento informativo destinado a um público específico. Algumas pesquisas indicam que acontecimentos conjunturais da vida política, econômica, social e cultural, de caráter mais geral, não eram pautados pela imprensa negra. *O Menelik*, que nasceu em 1915, em plena Primeira Guerra Mundial, não teria feito um único registro do referido conflito bélico (Ferrara, 1986, p. 198). No plano cultural, em 1922 realizou-se a Semana de Arte Moderna; no campo político, aconteceu no mesmo ano o episódio que ficou conhecido como Revolta dos 18 do Forte; em 1924, eclodiu o movimento batizado de Revolução Paulista; um ano depois, surgiu a Coluna Prestes; em 1930, foi deflagrado um golpe de Estado que elevou Getúlio Vargas ao poder, decretando o fim da Primeira República. No terreno econômico, em 1929 operou-se a queda das bolsas nos Estados Unidos, ocasionando uma crise internacional do sistema capitalista. Esses diversos acontecimentos de repercussão nacional ou internacional não teriam sido noticiados nas páginas daqueles jornais, que também não teriam feito alusão à participação efetiva do negro nos sindicatos, nas lutas reivindicatórias ou de participação política partidária (Moura, 1988, p. 213).

No entanto, Marinalda Garcia apresenta argumentos contrários. Em sua acepção, a censura, pelo menos na década de 1920, limitou a liberdade de expressão dos jornais da imprensa negra: "No governo de Epitácio Pessoa intensificaram as sanções políticas, com a declaração do estado de sítio e a perseguição contra aqueles que não apoiavam o regime. Sucederam-se perseguições aos anarquistas e aos comunistas, bem como a censura política às instituições e organizações de diversas naturezas. Para escapar à censura, a imprensa negra passa a ser exclusivamente de prestação de serviço à comunidade. Além disso, muitos artigos recorriam à sátira e/ou eram assinados com pseudônimos" (Garcia, 1999, p. 79). Contudo, detectamos no jornal *O Kosmos* um importante artigo descritivo do levante tenentista em São Paulo intitulado "Os dias da tormenta":

> *Devido aos últimos acontecimentos de julho, fomos obrigados a suspender a publicação desta folha, porque força muito mais superior a nossa assim fez, atendendo a paralisação completa, obrigando-nos a deixar de lado todos os compromissos, para de sobreaviso esperar a tormenta que dia a dia mais se avolumava. E quem observou de perto o período revolu-*

cionário, certamente verificou que a atividade comercial da cidade, o movimento diário, enfim tudo, tinha-se paralisado como por um encanto: era o desânimo completo. Só o rebombar dos canhões, o estalar das granadas, o estampido constante da fuzilaria que dominava toda São Paulo, transformando-a num verdadeiro campo de guerra [...]. (*O Kosmos*, São Paulo, 20 set. 1924, p. 3)

Além dos fatos da conjuntura nacional, a imprensa negra informava – ainda que de maneira comedida – sobre os acontecimentos ligados à conjuntura internacional. No jornal *O Bandeirante* traduziam-se textos publicados na imprensa estrangeira (Mello, 1999, p. 78). Já *O Clarim da Alvorada* mantinha em suas páginas o "mundo negro", coluna em que fatos importantes da comunidade negra internacional eram traduzidos e noticiados. A organização política dos afro-americanos, em especial, era continuamente evocada, sobressaindo a figura do líder negro jamaicano Marcus Garvey, com o movimento panafricanista: "Marcus Garvey (Presidente da Associação Universal para o Levantamento da Raça Negra) é o illustre negro jamaicano, que pretende fundar um império na África, para a raça negra, a sua divisa é esta: 'A África para os africanos'" (*O Clarim da Alvorada*, São Paulo, 28 set. 1930, p. 4). Não só o movimento negro internacional era noticiado, como em alguma medida se estabelecia intercâmbio com os jornais editados pelos afro-americanos. Em 1929, *O Clarim da Alvorada* alardeou que recebera em sua redação um exemplar do *The Chicago Defender*, "um dos esteios da poderosa imprensa negra norte-americana" (*O Clarim da Alvorada*, São Paulo, 24 nov. 1929, p. 1).

A IDENTIDADE RACIAL NA IMPRENSA NEGRA

Na leitura dos jornais, notamos que uma variedade de expressões era utilizada para designar tanto a população negra quanto seus membros: "homem de cor", "preto", "patrício", "classe", "coletividade", "raça".

E, com menos freqüência, "irmão" ou "afro-brasileiro". Essas múltiplas maneiras de identificação racial eram aceitas socialmente. Na primeira fase da imprensa negra, o termo "homem de cor" era o mais utilizado. Pelo menos a noção de "homem de cor" – presente nos subtítulos dos jornais e pronunciado nas ocasiões honrosas – era a que mais retratava o sentimento de ação afirmativa dessas publicações, afinal o termo expressava um novo estatuto: homens cuja especificidade era possuírem uma cor em comum (Cardoso, 1993, p. 64). Ainda encontramos outros termos que faziam referência aos negros, tais como "azeviche" e "filhos de cã", porém tinham sentido depreciativo.

Mas como se definia o que era ser negro nesses jornais? A resposta pode ser decifrada no seguinte excerto: "[...] força nos é explicar o que entendemos por 'negro'; é o negro toda gente de côr, preta, mulato, moreno, etc, descendente do Africano e do Indígena" (*O Clarim da Alvorada*, São Paulo, 13 maio 1927). Usar o termo "negro" era politicamente incorreto: "o leitor deve saber calcular o pesadelo que tem na palavra 'desprezo' e esta que acabrunha e persegue o infeliz negro, ou pessoa equivalente à classe; nós sabemos que a palavra negro é empregada como um pouco caso, ao passo que as pessoas educadas, usam da expressão 'morena' o que admitto que seja pronunciada" (*A Liberdade*, São Paulo, 28 dez. 1919, p. 1). Portanto, era pejorativo referir-se a algum afro-descendente por meio da nomenclatura "negro". Essa designação era empregada principalmente pelo branco, com conotação ofensiva. Era preferível que se adotasse qualquer outro vocábulo, inclusive, o eufemístico "moreno". Aliás, encontramos o uso da expressão "morena cor de jambo" como forma de enaltecer a beleza de uma "senhorita" (*Elite*, São Paulo, 20 jan. 1924).[11] "Pardo" e "mulato" eram as expressões mais empregadas para os mestiços.

Algumas evidências sinalizam que, nessa fase da imprensa negra, a cor, em alguns instantes, era concebida apenas como acidente da natureza, e não como um dos sinais diacríticos constitutivos da identidade étnica de um grupo específico: "A côr é um accidente que nada influe nas qualidades psychicas ou da alma do individuo, que pode ser pura como um raio de luz, brilhante como chrystal, e alva como as corollas dos lyrios, embora ande prisioneira ao invólucro de um corpo preto" (*A liberdade*, São Paulo, 23 nov. 1919). A cor do negro, nesse caso, seria desprovida de valor simbólico ou existencial. No que tange à construção da identidade étnica, esses jornais tinham discurso ambivalente. De um lado, conscientizavam os negros a se assumirem, a terem orgulho de sua "raça" e promoverem iniciativas afirmativas, como "concurso de miss" ou "concurso de beleza" (*O Menelik*, São Paulo, 1 jan. 1916, p. 4; *Getulino*, Campinas, 5 ago. 1923, p. 2). Em tais eventos, elevava-se a auto-estima da mulher negra. Por outro lado, esses mesmos jornais traziam algumas mensagens "alienantes", como anúncios publicitários que implicavam a desvalorização dos traços físicos negróides:

> *Uma invenção maravilhosa!*
> *"O cabelisador." Alisa o cabello o mais crespo sem dôr.*
> *Uma causa que até agora parecia impossível e que constituia o sonho dourado de milhares de pessoas, já é hoje uma realidade irrefutavel.*
> *Quem teria jamais imaginado que seria possivel alisar o cabello, por mais crespo que fosse, tornando-o comprido e sedoso?*
> *Graças à maravilhosa invenção do nosso "CABELISADOR", consegue-se, em conjuncto com duas "Pastas Magicas", alisar todo e qualquer cabello, por muito crespo que seja.*
> *Com o uso deste maravilhoso instrumento, os cabellos não só ficam infallivelmente lisos, mas tambem mais compridos.*
> *Quem não prefere ter uma cabelleira lisa, sedosa e bonita em vez de cabellos curtos e crespos? Qual a pessoa que não quer ser elegante e moderna?*
> *Pois o nosso "Cabelisador" alisa o cabello o mais crespo sem dor.* (*O Clarim da Alvorada*, São Paulo, 9 jun. 1929, p. 1)

Esse anúncio publicitário é um indício de que a imprensa negra, em alguns momentos, assimilou como superior o padrão estético branco, difundindo elementos do que foi definido, *a posteriori*, como "ideologia do branqueamento".[12] Os jornais incorporaram a cultura européia – em especial a francesa – como modelo de civilização e modernidade. Por isso, a cultura africana era considerada inferior, da mesma forma que sua herança no Brasil, como a "macumba", o samba e a capoeira. A dança do maxixe, por exemplo, era proibida nos bailes dos salões que se prezavam pela polidez (*O Alfinete*, São Paulo, 12 out. 1918). Nesses bailes, dançava-se, entre outros ritmos "civilizados", valsas à moda francesa. Em contrapartida, depreciavam-se as manifestações rítmicas de matriz africana, pelo menos esse é o mote do artigo publicado em *O Patrocínio*:

> *O negro ainda conserva a dança característica de rythmos grotescos e barbaros, que nos foram transmitidos pelos africanos ao som dos "batuques", "quigengues" e "pandeiros", instrumentos de sonoridades insípidas, mas bem rythmadas, que os fazem pular, voltear, numa sensualidade selvagem, verdadeiramente africana. E assim atravessam uma noite toda ao clarão de uma fogueira, que ao amanhecer só resta braseiro e cinza.* (*O Patrocínio*, Piracicaba, 19 out. 1930)

O fragmento de texto acima emprega definições desabonadoras – tais como "grotescos", "bárbaros", "selvagens" etc. – para caracterizar os ritmos, as sonoridades e a dança dos africanos. A religiosidade de matriz africana também era rejeitada. Por seu turno, encampava-se a religião de "Christo": "É na moral religiosa que poderemos encontrar bons auxílios; sem os quais, nada conseguiremos. [...] Porém, si não tiver princípios sólidos baseados na Religião de Christo os seus filhos não serão verdadeiros; andarão sempre no erro e ignorantes serão por toda a vida" (*O Clarim*, São Paulo, 3 fev. 1924).

Constata-se, assim, uma desqualificação das manifestações culturais que façam alusão à ancestralidade africana. Como sustenta Bastide (1951, p. 70), os "jornalistas" se recusam a resgatar "sua origem, de evocar uma África, bárbara em seus pensamentos, um país que é imaginado quase como um país de selvagens". Esse setor da comunidade negra renegava a África por dois motivos: os africanos eram estrangeiros e classificados como atrasados; nesse contexto, havia o imperativo de se afirmar brasileiro e se sentir membro de uma nação pretensamente civilizada: "Si os nossos antepassados tiveram por berço a terra africana, é preciso que se note, nós temos por berço e Patria este grande Paiz. Não somos africanos, somos brasileiros!" (*O Bandeirante*, São Paulo, set. 1918, p. 2). O discurso nacionalista consistia em enaltecer a pátria e as proezas do negro brasileiro, que teria assimilado os valores supremos da civilização ocidental e da modernidade.

O MITO DA HARMONIA RACIAL NA IMPRENSA NEGRA

O mito da harmonia racial constitui uma ideologia cuja premissa básica é sustentar a ausência tanto da discriminação legal quanto de qualquer barreira para o livre progresso do negro na sociedade brasileira. Tal ideologia foi, paradoxalmente, endossada em alguns aspectos pela imprensa negra, embora a denúncia de casos cotidianos de discriminação racial fosse constante. Em determinados artigos, cartas e matérias desses jornais, a pretensa harmonia racial era propalada, como foi o caso do editorial publicado no *Clarim da Alvorada*, em 1928, sob o título "Na terra do preconceito":

> *Aqui não precisa que eu diga: não existe preconceito algum para se combater. Vivemos em comunhão perfeita, não somente com os brasileiros brancos, como também com o próprio elemento estrangeiro. Mas se aqui existisse o preconceito teria a certeza que a nossa questão racial há muito estaria resolvida. Portanto, não temos preconceito nenhum a combater, o que precisamos é trabalhar para a união do elemento negro brasileiro; não somente para o nosso bem, como também para o bem da nossa querida pátria.* (*O Clarim da Alvorada*, São Paulo, 29 abr. 1928, p. 2)[13]

Negar o preconceito racial contribuía para desarticular a luta política anti-racista, pois não se combate o que não existe. Alguns editoriais preconizavam a existência de uma espécie de éden multirracial no Brasil. A relação entre negros e brancos era desenhada como harmoniosa e fraternal. Esse idílico cenário racial era apontado como vantajoso para o desenvolvimento nacional, como foi referendado em artigo de outro jornal: "O Brasil pode, pois, ter a certeza de que se avantajou em muitos anos aos países cultos, quando extinguia o preconceito de cor, inadmissível hoje em dia" (*Progresso*, São Paulo, 24 fev. 1929).

Quando respaldavam a ideologia da harmonia racial, tais periódicos tanto legitimavam o discurso dominante (segundo o qual os infortúnios do negro derivavam de sua inferioridade) quanto assumiam como verdadeiros os estereótipos negativos atribuídos ao descendente de escravos (cachaceiro, vagabundo, preguiçoso, incompetente e boçal). "A culpa não é dos brancos – é nossa! Pois os meios estão ahi ao nosso alcance e disposição" (*O Bandeirante*, São Paulo, set. 1918, p. 3). Por sinal, culpar a "vítima" pelos males do "preconceito de cor" foi um dispositivo ideológico que detectamos em muitos números desses periódicos.

AS ESTRATÉGIAS ANTI-RACISTAS NA IMPRENSA NEGRA

A procura de acomodação e de ascensão social na sociedade inclusiva implicou a adoção de uma linha editorial conciliatória, fundada num discurso racial pacífico e ordeiro: "O negro moderno saberá vencer, dentro da paz e da ordem" (*O Clarim da Alvorada*, São Paulo, 13 maio 1927, p. 12). Isso ocorria pelo fato de os redatores e os editores dos jornais serem oriundos, em larga escala, da "elite de cor". A imprensa negra tem de ser entendida como reflexo do pensamento desse setor da "população de cor", setor, aliás, que procurava incorporar ou reelaborar, total ou parcialmente, o modelo de educação, etiqueta, cultura, religião e moral tido como civilizado.

Uma expressão simbólica da linha editorial conciliatória foi a adoção da Mãe Preta, como ícone, pelo jornal *O Clarim da Alvorada* (São Paulo, 21 out. 1927). A Mãe Preta teria assumido uma postura de equilíbrio no momento mais difícil da opressão do negro no cativeiro, amamentando prioritariamente o filho do senhor, sem, contudo, abandonar a própria prole. O fato de ela "ter se posicionado entre o senhor e o escravo era interpretado como diluidor das tensões sociais e dos conflitos entre os dois grupos no período escravocrata. Desta forma a Mãe Preta era vista pelo grupo como uma espécie de mártir. Pela sua não violência, pelo equilíbrio e abnegação que demonstrara, constituía um exemplo a ser seguido" (Silva, 1990, p. 126).

Convém insistir que esses jornais constituíram um importante instrumento de protesto do incipiente movimento negro organizado, sendo pioneiros na tarefa de propor alternativas concretas para a superação das adscrições raciais na sociedade brasileira. A fase pós-Abolição teria sido marcada pela desarticulação e pelo conformismo da população egressa do cativeiro ante as agruras da vida. Segundo o jornal *O Alfinete*, a apatia reinava no meio negro: "A raça branca, opulenta como é, exercendo o seu poderio revoltante, compelle a preta a viver em eterna inferioridade, e esta... permanece, sem ideal, sem objectivo na apathia pecaminosa de quem nasceu para a servidão para ser automatos, ou um joguete nas mãos de tyranos" (*O Alfinete*, São Paulo, 22 set. 1918). Três anos depois desse artigo, *O Alfinete* tornava pública – em editorial de primeira página – a tarefa central do jornal: "combater a apatia em que viviam os homens pretos da paulicéia" (*O Alfinete*, São Paulo, 28 ago. 1921, p. 1).

Nesses jornais, as estratégias apontadas para "combater a apatia" – isto é, garantir a integração do negro na sociedade mais abrangente – eram diversas. Entretanto, havia um certo consenso de que a educação era a maneira mais eficaz para realizar esse processo: "A educação é a cultura do coração; tem por fim corrigir nossos vícios, reformar os habitos e costumes e polir os males. É necessário [nos] esforçarmos!

Contra os ignorantes é que devemos labutar, a fim de chegarmos à perfeição" (*O Clarim*, São Paulo, 3 fev. 1924).

A educação era concebida como solução para todos os males. Por essa razão, o lema de praticamente todos os jornais era incisivo: educar os descendentes de escravos. O conceito de educação articulada não tinha uma conotação estritamente formal, e sim um sentido mais amplo: o aprimoramento moral (isto é, do caráter) e o aprendizado dos valores civilizatórios que amiúde transcendiam a instrução escolar. "Educação corresponde a um conjuncto de principios de ordem social, em que impéra a delicadeza, a gentileza e a civilidade. Educação é, pois, o conhecimento e pratica dos usos da bôa sociedade" (*O Clarim da Alvorada*, São Paulo, 3 jun. 1928, p. 4).[14]

Outra estratégia para garantir a dignidade dos negros foi defender "a nova Abolição". Para repudiar a forma como a Primeira República destituía o "homem de cor" do pleno exercício da cidadania, no dia 13 de Maio de 1924 o primeiro número do jornal *O Clarim da Alvorada* trazia o seguinte título na manchete principal: "A nova Abolição" (Garcia, 1997, p. 107). Aliás, nos números comemorativos do 13 de Maio, era comum esse jornal trazer uma ilustração emblemática: um negro robusto bradando, com as mãos estendidas ou levantadas e as correntes partidas, simbolizando o fim da opressão. Com *O Clarim da Alvorada*, paulatinamente uma nova palavra de ordem foi incorporada ao discurso dos ativistas negros: a "segunda abolição", uma revolução, dentro da ordem instituída, capaz de assegurar a justiça social e a igualdade racial.

Ainda foi possível perceber nesses jornais a apologia de outro mecanismo em prol da emancipação do negro. Em determinado momento, os ativistas compreenderam que a busca de soluções para a "questão racial" na ordem republicana tinha de ser travada na arena política institucional. Por isso, *O Clarim da Alvorada*, em 1925, assumiu a campanha pela formação de um partido político específico: "Já se cogita, nesta capital, a fundação de um grande partido político, composto exclusivamente de homens de cor. Esse partido, de conformidade com as informações fidedignas, terá a denominação de 'Congresso da mocidade dos homens de cor'. Muitas esperanças teremos se por ventura tal iniciativa tiver êxito" (*O Clarim da Alvorada*, São Paulo, 15 nov. 1925, p. 1).

Em 1928, a campanha pela realização do Primeiro Congresso da Mocidade Negra alcançou diversas cidades do Estado de São Paulo. A comissão organizadora realizou um processo de mobilização, solicitando a presença de um representante das associações negras nas reuniões preparatórias; porém, a proposta inicial não vingou, e o congresso, que marcaria a criação de um partido, foi suspenso, chegando ao fim a primeira tentativa de fundar uma agremiação partidária dos afro-brasileiros. Do ponto de vista político-ideológico, cumpre ressaltar que todas as alternativas anti-racistas articuladas pela imprensa dos "homens de cor" operavam nos marcos do nacionalismo. Afinal, o sentimento de brasilidade, a defesa da pátria e o ideal de integração nacional eram concebidos como valores supremos pelos ativistas negros nas primeiras décadas do século XX.

EM RESUMO

A imprensa negra surgiu no auge das teorias do racismo científico no país, as quais apregoavam a inferioridade inata do negro. Estadistas, políticos e intelectuais desejavam o branqueamento da nação e desassistiram os ex-escravos e seus descendentes. Nesse contexto, o discurso racial produzido por aquela imprensa ganha contornos de ação afirmativa, uma vez que era reivindicada a promoção de oportunidades equânimes do negro em relação ao branco na sociedade brasileira.

Ao consultar a imprensa da "classe dos homens cor", percebe-se que ela exprimiu os anseios de integração e mobilidade social da chamada "elite negra". Diferentemente do que escreveu Florestan Fernandes (1978, v. 1, p. 141), essa imprensa é fonte privilegiada para entender o que aconteceu e o que pensava o negro após a Abolição, pelo menos sua fração mais elitizada. Debruçando-se sobre uma das publicações, Maciel sentencia: "Tem-se uma idéia dos problemas que afligiam parte da população negra, bem como suas opiniões sobre questões políticas, econômicas etc., além do seu cotidiano. Assim pode-se perceber suas posições externadas sobre o racismo, ideologia de branqueamento, democracia racial, imigração, situação dos mulatos frente ao contínuo da cor, desemprego, custo de vida, análises sobre a escravidão, costumes sociais, mobilizações populares e movimentos políticos, violência policial etc" (1997, p. 101).

Os periódicos da imprensa negra assumiram papel reparatório em relação aos da grande imprensa, que geralmente não abriam espaço à comunidade negra ou a representavam de maneira desabonadora. Impulsionaram também o surgimento do que foi batizado de "contra-ideologia racial": uma contestação que, a despeito de situar-se dentro da ordem estabelecida, tinha caráter progressista, pois exigia a plena democratização da ordem republicana e, por conseguinte, o banimento dos privilégios raciais na sociedade brasileira (Fernandes, 1989, p. 16).

Os jornais da "raça" costumavam exaltar alguns "homens de cor" ilustres da história, assim como noticiar as festas, competições esportivas, homenagens, cerimônias religiosas, os falecimentos, bailes, casamentos, aniversários e outros eventos ligados ao mundo do negro brasileiro. Faziam, porém, reduzidas referências à África. Quando o continente africano aparece, é de maneira estereotipada. No plano do discurso, o elemento valorizado jamais é o negro africano, e sim o brasileiro. Aceitava-se como referência positiva, no limite, o negro estrangeiro ocidentalizado, que teria assimilado os valores mais "nobres" da civilização e da modernidade.

Um dos aspectos mais importantes a salientar é que as comunidades étnicas de imigrantes europeus foram muitas vezes adotadas como referências positivas e pautaram as ações do setor mais militante da população de ascendência africana. Nesse sentido, os jornais da imprensa negra devem ser concebidos, igualmente, como um projeto editorial que se inspirou nas diversas publicações dirigidas às colônias estrangeiras radicadas em São Paulo.

Esses jornais realizaram as primeiras denúncias públicas contra o "preconceito de cor" na era republicana, em uma época cujo consenso geral era de que "negro não tinha problema" e de que no Brasil não havia preconceito ou discriminação raciais (Fernandes, 1972, p. 270). Além disso, eles contribuíram para que o negro assumisse sua identidade existencial – ainda que de maneira ambígua – e passasse a lutar por seus direitos de cidadão.

Como assevera Regina Pinto, os jornais não se restringiam a denunciar as mazelas que atingiam a "população de cor", mas também apregoavam meios para superá-las. As soluções propostas aos afro-descendentes foram múltiplas: a reabilitação moral; a construção de uma auto-imagem positiva; a melhoria do nível educacional e instrucional; a necessidade de reagir às injustiças e de atuar politicamente. Entretanto, a mais importante solução vislumbrada passava pela união do negro e, por conseqüência, pelo "seu fortalecimento, para poder reivindicar, melhorar e, assim, superar os problemas que enfrentava" (Pinto, 1993, p. 58).

A imprensa negra tentou sensibilizar a opinião pública com relação aos problemas que assolavam os descendentes de escravos, proporcionando voz e visibilidade para um segmento da população privado do acesso à renda, ao poder e ao prestígio da *belle époque*. Por isso, a maior façanha daquela imprensa foi, talvez, ter articulado uma inédita rede de comunicação no meio negro e colaborado para esse segmento manter vivo o espírito de luta e resistência à opressão racial.

NOTAS

1] "Nas repartições públicas evitam-nos e até expulsam das suas instituições burocráticas, de utilidades, de ensino, e de formação intelectual, moral e religiosa também; abominam-nos nos orfanatos, hospitais e nas casas de assistência social, e até nas casas de expressão econômica." (*O Clarim da Alvorada*, São Paulo, 9 jun. 1929, p. 1).

2] Essa situação se reproduz em Campinas. Segundo Cleber Maciel (1997:96), nenhum dos historiadores da imprensa em Campinas informa algo sobre a existência da imprensa negra. "Jolumá Brito lista, entre 1890 a 1930, um total de 115 impressos em Campinas, entretanto entre eles não aparece nenhum dos jornais negros conhecidos no período, embora aí estejam incluídos, ele afirma, todos os periódicos, pequenas publicações, diários, semanários, bissemanários e mensários."

3] Que até 1925 chamava-se *O Clarim*.

4] *Getulino* foi criado pelos jornalistas negros Lino Guedes e Benedito Florêncio, na cidade de Campinas, em 1923. A origem do nome era explicada da seguinte maneira: "Getulino, nome de guerra do grande paladino da abolição, que foi o saudoso Luiz Gama, eis a denominação que escolhemos para a folha que hoje vem colocar-me em linha de combate na imprensa campineira" (*Getulino*, Campinas, 29 ago. 1923).

5] A expressão "imprensa negra" não é anacronismo; ela já era conhecida e utilizada, por exemplo, pelo jornal *O Clarim da Alvorada* (São Paulo, 24 nov. 1929, p. 1; 23 ago. 1930, p. 3).

6] O jornal *Elite* (1924) era o órgão oficial do Grêmio Elite da Liberdade. Segundo depoimento de Pedro Barbosa, o grêmio era "um grupo fechado, andavam sempre bem trajados [...]. Seu diretor, Alfredo E. da Silva, era funcionário público da Secretaria da Fazenda do Estado. Para filiar-se ao grupo era necessário provar que era casado, chefe de família, com situação econômica estável" (*apud* Ferrara, 1986, p. 60).

7] *O Clarim da Alvorada* ainda publicou um número no ano de 1940, considerado por Pinto (1993, p. 61) como a terceira fase do jornal.

8] Essa suposição é avaliada pelo depoimento que José Correia Leite prestou a Miriam Nicolau Ferrara em 14 nov. 1980: "*O Clarim da Alvorada* foi um jornal de negros para negros. Só branco muito curioso ou estudioso mandavam os empregados procurar o jornal".

9] *Zuavos* era o nome de um suplemento que foi publicado no jornal *O Clarim da Alvorada* por curto intervalo de tempo.

10] Encontramos o discurso moralizante, de condenação ao álcool, aos jogos e aos bailes também na imprensa operária, conforme "O alcool e sua acção" (*Tribuna Operária*, Santos, 7 ago. 1909, p. 4), e na imprensa anarquista, de acordo com "Crítica ao Carnaval" (*Terra Livre*, São Paulo, 22 mar. 1910, p. 3) e "O Flagello do Alcoolismo" (*Ibidem*, p. 4). Da mesma forma, tal assertiva foi atestada por Fausto (1986, p. 87-91) e Andrews (1988, p. 130-132).

11] Olhando as diversas fotos publicadas, constatamos que, aparentemente, a maioria dos ativistas desses jornais era mulata, sendo minoritário o número de negros retintos.

12] A "ideologia do branqueamento" é uma alusão ao desejo de um setor da comunidade negra daquele período: eliminar seus traços fisionômicos a fim de se aproximar, no plano das aparências, do modelo considerado superior, o branco (cabelo liso, nariz afilado, lábio fino, cútis clara, por exemplo).

13] A ausência de preconceito racial na sociedade brasileira também foi preconizada pelo artigo "Os homens pretos e a evolução social" (*Auriverde*, São Paulo, 29 abr. 1928, p. 2).

14] Não podemos apreender a população negra do início do século XX de maneira isolada, pois, segundo Maria Isabel S. Franco, a educação também era valorizada pelos anarquistas, sendo fundamentalmente utilizada como instrumento de conscientização e qualificação do indivíduo (Franco, 1994, p. 106).

2 | OS DESCENDENTES DE AFRICANOS VÃO À LUTA EM TERRA BRASILIS. FRENTE NEGRA BRASILEIRA *VERSUS* TEATRO EXPERIMENTAL DO NEGRO

> *Interrogado a respeito do problema dos contatos raciais em nosso país, o Dr. Jael de Oliveira Lima desenvolveu longas considerações que resumimos: — No Brasil não existe um problema racial. Aqui vivem harmoniosamente pessoas de todas as raças, misturando sangue, suor e trabalho para o bem comum da Pátria. (Quilombo, Rio de Janeiro, jan. 1950, p. 5)*

> *São Paulo é um estado onde freqüentemente testemunhamos práticas racistas. Não faz muito tempo, quando em excursão artística por várias cidades do interior desse Estado, o grande cantor negro Edson Lopes não pôde fazer a barba em certo salão por causa da sua cor. Outro dia foi a vez do popular artista radiofônico Luiz Gonzaga que teve sua entrada barrada no auditório de uma emissora bandeirante porque a cor de sua epiderme não o recomendava. Podíamos enfileirar exemplos e mais exemplos demonstrativos do quanto estamos ainda longe de atingir aquela igualdade de fato assegurada pela igualdade de direito das nossas leis e da Constituição em vigor! Os casos de intolerância racial e de cor ultimamente se repetem num ritmo alarmante. (Quilombo, Rio de Janeiro, jan. 1950, p. 9)*

O primeiro fragmento de texto citado acima é uma entrevista concedida ao jornal *Quilombo*, em janeiro de 1950, pelo empreiteiro branco Jael de Oliveira Lima. O discurso desse carioca segundo o qual "no Brasil não existe problema racial" expressava o pensamento racial dominante do país. As elites faziam questão de vangloriarem-se da suposta ausência de práticas discriminatórias em terra *brasilis*, cuja história teria sido marcada pela "democracia racial". Por essa perspectiva, vivíamos numa espécie de paraíso racial, com negros e brancos irmanados em regime de fraternidade e igualdade de oportunidades.

Já o segundo fragmento de texto é uma denúncia, publicada no mesmo número do jornal *Quilombo*, de dois casos de racismo: o primeiro atingiu o "grande cantor negro" Edson Lopes, que "não pôde fazer a barba em certo salão" do interior paulista. A outra vítima de prática discriminatória foi o "artista popular" Luiz Gonzaga, "que teve sua entrada barrada no auditório de uma emissora bandeirante" por causa de sua "cor". Esses dois episódios não eram casos isolados; pelo contrário, retratavam parte dos infortúnios do negro não só em São Paulo, mas em outros Estados, como o Rio de Janeiro. O "homem de cor", como se dizia na época, era impedido de entrar em estabelecimentos de lazer (cinemas, teatros, clubes, bailes em casas noturnas), de ingressar em instituições educacionais e/ou religiosas (escolas, orfanatos, congregações), de ser atendido por casas prestadoras de serviço (barbearias, hotéis, restaurantes, lojas comerciais, hospitais), de ser aceito por repartições públicas e corporações militares (como a Guarda Civil, em São Paulo, até a década de 1930) e de participar de processos seletivos para ingresso no quadro funcional de empresas industriais. Portanto, a sancionada "democracia racial" não passava de um embuste, ou seja, um discurso falsificador da realidade, construído pelas elites para ocultar o racismo à brasileira que impedia a "integração do negro na sociedade de classes".

Para alterarem esse quadro de restrições (ou violações) de direitos e conquistarem o devido espaço no seio da nação, os descendentes de africanos de São Paulo fundaram a Frente Negra Brasileira (FNB), em 1931, e os do Rio de Janeiro criaram o Teatro Experimental do Negro (TEN), em 1944. Assim, esses dois agrupamentos vieram a lume para se insurgir contra o "preconceito de cor" e pugnar para que o negro brasileiro conquistasse o pleno exercício da cidadania. A finalidade deste capítulo é, primeiro, recuperar a experiência de sujeitos coletivos ainda poucos visíveis na historiografia e, segundo, fazer uma breve análise de discurso dos representantes da FNB e do TEN, demonstrando como esses agrupamentos desenvolveram uma capacidade de resistência, organização e luta na ordem republicana do país.

FRENTE NEGRA BRASILEIRA (1931-1937): A ENTRADA DO MOVIMENTO NEGRO ORGANIZADO NO CENÁRIO POLÍTICO REPUBLICANO

Com o golpe de Estado de 3 de outubro de 1930, Getúlio Vargas chegou ao poder no Brasil. Abriu-se uma conjuntura de polarização político-ideológica. As forças políticas se mobilizaram em duas frentes: as da esquerda na Aliança Nacional Libertadora (ANL) e as da direita na Ação Integralista Brasileira (AIB). Contudo, tanto as organizações políticas de base popular quanto os partidos das elites não incluíam em seu programa a luta a favor dos descendentes de africanos. Abandonados pelo sistema político tradicional e acumulando a experiência de décadas em suas associações, os negros paulistas criaram, oficialmente, no dia 16 de setembro de 1931, a Frente Negra Brasileira (FNB), no salão das Classes Laboriosas.[1] Do núcleo originário faziam parte Isaltino Veiga dos Santos, Francisco Costa Santos, David Soares, Horário Arruda, Alberto Orlando e Gervásio de Morais. No dia 12 de outubro do mesmo ano, em assembléia realizada no mesmo local de fundação, "perante mil e tantos negros", foi lido e aprovado o Estatuto, que estabelecia:

> Artigo I – Fica fundada nesta cidade de São Paulo, para se irradiar por todo o Brasil, a "FRENTE NEGRA BRASILEIRA", união política e social da Gente Negra Nacional, para afirmação dos direitos históricos da mesma, em virtude da sua atividade material e moral no passado e para reivindicação dos seus direitos sociais e políticos, atuais, na comunhão brasileira.

Artigo II – Podem pertencer à "FRENTE NEGRA BRASILEIRA" todos os membros da Gente Negra Brasileira de ambos os sexos, uma vez capazes, segundo a lei básica nacional.

Artigo III – A "FRENTE NEGRA BRASILEIRA", como força social, visa a elevação moral, intelectual, artística, técnico-profissional e física: assistência, proteção e defesa social, jurídica, econômica e do trabalho da Gente Negra.

Parágrafo único – Para a execução do Artigo III, criará cooperativas econômicas, escolas técnicas e de ciências e artes e campos de esporte dentro de uma finalidade rigorosamente brasileira. (Diário Oficial do Estado de São Paulo, São Paulo, 4 nov. 1931, p. 12)

A nova organização cresceu rapidamente. Os métodos de arregimentação passavam pela afirmação racial: "Negro, não te envergonhes de ser negro! Alista-te nas fileiras frentenegrinas, si é que queres elevar o nível moral e intelectual do negro" (*A Voz da Raça*, São Paulo, 15 dez. 1934, p. 1). O orgulho racial despertado pela nova entidade fez que seus associados (que eram chamados de *frentenegrinos*) se sentissem negros diferenciados dos "irmãos de cor". Mais do que se portar como "evoluídos", portavam-se como uma espécie de "elite negra". Em 27 de maio de 1932, a FNB contabilizava quinze mil sócios em seus quadros da capital.[2] Pelas estimativas de um de seus dirigentes, a entidade reuniu, em seu auge, trinta mil filiados, somando os efetivos de todas as delegações ("filiais"). Na verdade, existe uma controvérsia sobre essa questão. As estimativas mais moderadas apontam seis mil filiados em São Paulo (Mitchell, 1977, p. 131); já as previsões mais exageradas indicam duzentos mil filiados para todo o país (Fernandes, 1978, v. 2, p. 59). Em 1936, a entidade contava com mais de sessenta delegações distribuídas no interior de São Paulo e em outros Estados, como Minas Gerais, Espírito Santo e Rio de Janeiro, além de manter certo contato com organizações de mesmo nome no Rio Grande do Sul e na Bahia. Os artigos VI e VII do Estatuto definiam a estrutura administrativa da agremiação:

Artigo VI – A "FRENTE NEGRA BRASILEIRA" é dirigida por um "GRANDE CONSELHO", soberano e responsável, constando de 20 membros, estabelecendo-se dentro dele o Chefe e o Secretário, sendo outros cargos necessários preenchidos a critério do Presidente. Este Conselho é ajudado em sua gestão pelo Conselho Auxiliar, formados pelos cabos distritais da Capital.

Artigo VII – O Presidente da "FRENTE NEGRA BRASILEIRA" é a máxima autoridade e supremo representante da "FRENTE NEGRA BRASILEIRA", e sua ação se limita pelos princípios que a orientam. (Diário Oficial do Estado de São Paulo, São Paulo, 4 nov. 1931, p. 12)

A organização da FNB apoiava-se numa estrutura vertical de comando, constituída pelo "Presidente" (também conhecido com "Chefe") e pelo "Grande Conselho" que o auxiliava. Na prática, porém, a figura do "Chefe" tinha poderes quase supremos. Além dos cargos de direção, a estrutura administrativa era completada pelos cabos, comissários e fiscais. Na entidade, imperava rigorosa hierarquia e disciplina sobre os filiados. Provavelmente, essa filosofia organizativa foi inspirada nas doutrinas autoritárias em voga. Não havia eleições internas. Durante sua existência, a Frente Negra Brasileira teve dois presidentes: Arlindo Veiga dos Santos, que abdicou do cargo em junho de 1934, e Justiniano Costa, que o substituiu.

A Frente Negra Brasileira criou uma série de símbolos diacríticos (carteira de identidade contendo foto e dados pessoais do filiado; uniforme para alguns departamentos; bandeira; hino) a fim de garantir visibilidade para suas ações, gerar uma identidade específica para seus associados e, ao mesmo tempo, adquirir credibilidade no seio da população negra e na sociedade em geral. A organização também criou uma milícia: "Toda a mocidade frentenegrina deve alistar-se para fazer parte da Milícia Frentenegrina que defenderá a Sociedade e a Pátria contra os extremistas" (*A Voz da Raça*, São Paulo, 8 mar. 1933, p. 3). Segundo Regina Pahim Pinto (1996, p. 55), a "milícia não usava armas,

mas tinha um grupo de capoeira e um grupo de linha de frente, uma espécie de segurança" (1996, p. 55). Todo trabalho de militância na entidade era voluntário. Sua principal fonte de recursos era proveniente da mensalidade dos associados. Para organizar a atuação em diversas áreas, ela dividia-se nos seguintes departamentos:

- *Instrução ou Cultura*: responsável pela área educacional. A entidade criou uma escola com biblioteca e oferecia curso primário e de alfabetização de adultos. Ao se estruturar, a escola passou a receber apoio do governo do Estado de São Paulo, que comissionou duas professoras negras para ministrar as aulas (*Diário Oficial do Estado de São Paulo*, São Paulo, 18 jul. 1934, p. 6; *Diário Oficial do Estado de São Paulo*, São Paulo, 28 ago. 1937, p. 11).
- *Musical*: organizava cursos e atividades musicais. Mantinha o grupo musical Regional Frentenegrino, que se apresentava nas festas da entidade e em alguns programas de rádio da cidade.
- *Esportivo*: organizava as atividades desportivas, como competições, torneios e jogos. Mantinha um time de futebol, o Frentenegrino Futebol Clube (*A Voz da Raça*, São Paulo, 11 nov. 1933, p. 3), bem como uma escola de cultura física.[3]
- *Médico*: oferecia serviços médicos e odontológicos para os associados (*A Voz da Raça*, São Paulo, 25 mar. 1933, p. 3).
- *Imprensa*: responsável pela publicação do jornal da entidade – *A Voz da Raça* –, lançado em março de 1933 e destinado à "publicação de assuntos referentes ao negro, especialmente.[4] O jornal era o órgão oficial de divulgação dos ideais da entidade. Com tiragem de mil a cinco mil exemplares, chegou a ser lido no exterior, como no continente africano e nos Estados Unidos. Era mantido com recursos da entidade e dos anunciantes.
- *Artes e Ofícios*: encarregado da seção de marcenaria, pintura, corte e costura e serviços de pedreiro, eletricista, entre outros (*A Voz da Raça*, São Paulo, 25 mar. 1933, p. 2). Oferecia também curso de artes e ofícios.

- *Dramático*: mantinha um grupo teatral que regularmente apresentava espetáculos. Chegou até a montar um corpo cênico infantil. A Comissão de Moços organizava eventos sociais, como bailes, piqueniques, chás e festivais (*A Voz da Raça*, São Paulo, 25 mar. 1933, p. 2).
- *Jurídico-Social*: tratava de assuntos ligados ao direito à cidadania dos negros, isto é, procurava defendê-los quando seus direitos civis eram violados.
- *Doutrinário*: responsável pela formação doutrinária, com cursos, palestras aos domingos (as famosas "domingueiras") e orientação cívica aos filiados.

De acordo com Marcelino Félix (2001), existiu, ainda, o *Departamento de Colocações Domésticas*, cuja finalidade principal era garantir a inserção das mulheres frentenegrinas no mercado de trabalho doméstico da cidade, como faxineiras, cozinheiras, copeiras, lavadeiras. Devido à respeitabilidade conquistada pela FNB, muitas famílias tradicionais só procuravam contratar as mulheres indicadas pela entidade. Outro objetivo do Departamento de Colocações Domésticas era assegurar os direitos trabalhistas das domésticas.

No casarão de número 196 da rua da Liberdade, onde sua sede estava localizada, a FNB mantinha um bar, um salão de beleza com barbeiro e cabeleireiro, um salão de jogos, uma oficina de costura, um posto de alistamento eleitoral e uma caixa beneficente, criada para prestar auxílio médico, hospitalar, farmacêutico e funerário aos associados.

As mulheres cumpriam um papel ativo nas lides anti-racistas. Segundo um antigo dirigente, Francisco Lucrécio, elas "eram mais assíduas na luta em favor do negro, de forma que na Frente [Negra Brasileira] a maior parte eram mulheres. Era um contingente muito grande, eram elas que faziam todo movimento" (*apud* Barbosa, 1998, p. 37). Desconsiderando os exageros de Lucrécio, as mulheres assumiam diversas funções na FNB. A Cruzada Feminina mobilizava as negras para realizar trabalhos assistencialistas. Já outra comissão feminina, as Rosas Negras, organizava bailes e festivais artísticos.

A Frente Negra era prestigiada entre as "pessoas de cor", de modo geral, que "a procuravam para resolver problemas de moradia, de emprego" (Pinto, 1993, p. 91). Uma de suas campanhas foi justamente incentivar o negro a adquirir terreno nos bairros da periferia para construir sua casa própria. No decorrer da história, a entidade sofreu algumas cisões, sem contudo colocar em xeque sua forte estrutura organizativa. Na primeira cisão, em 1932, os dissidentes fundaram o Clube Negro de Cultura Social; na segunda, também em 1932, foi criada a Legião Negra; e na terceira, em 1933, os dissidentes edificaram os alicerces da Frente Negra Socialista.

Apesar de uma visão *racialista*[5] de luta política a favor da causa negra, a FNB não era sectária. Permanentemente buscou apoio político e estabeleceu alianças com autoridades públicas, escritores e intelectuais brancos. A entidade promoveu várias atividades para esse fim; em algumas delas, contou com a presença de Artur Ramos e Cassiano Ricardo, além dos modernistas Oswald de Andrade e Menotti Del Picchia. Havia a necessidade de se legitimar – e a política de aproximação com o meio branco, em alguns momentos, surtiu efeito positivo. A entidade também era prestigiada pelas autoridades públicas da área militar. Na solenidade de seu quarto aniversário, compareceram os representantes do Secretário de Justiça e do comandante da Segunda Região Militar. Em 18 de março de 1933, o jornal *A Voz da Raça* trazia uma foto que registrava "o Dr. Getúlio Vargas, Chefe do Governo Provisório, em companhia do Sr. Isaltino B. Veiga dos Santos, Secretário Geral da FNB, logo após a audiência especial, concedida à Frente Negra Brasileira, no Palácio Rio Negro, em Petrópolis" (*A Voz da Raça*, São Paulo, 18 mar. 1933, p. 3). Amiúde, a Frente Negra fazia elogios a Getúlio Vargas, fosse porque ambos defendiam um projeto político nacionalista, fosse porque o governo de Vargas foi o primeiro que demonstrou sensibilidade para o "problema do negro", acatando algumas reivindicações apresentadas pela entidade (Pinto, 1993, p. 145).

Todavia, a postura ordeira não dirimia as desconfianças que pairavam sobre a FNB. O Departamento de Ordem Política e Social (Deops), por exemplo, realizava um trabalho permanente de vigilância sobre ela, infiltrando na entidade agentes policiais que redigiam relatórios periódicos de suas atividades:

> *Ilmo Sr. Dr. Delegado de Ordem Política*
>
> *Dos investigadores 32 a 252*
>
> *Cumpre-nos comunicar-vos que, na sede da "Frente Negra Brasileira", realizou-se ontem à noite uma sessão comemorativa à data da abolição da escravatura.*
>
> *Com a presença [de] avultado número de sócios, a sessão foi aberta às 22 horas pelo presidente da FNB, Sr. Justiniano Costa, que em seguida passou a palavra ao Sr. Francisco Lucrécio, secretário-geral.*
>
> *Em seguida falou o Sr. Arlindo Veiga dos Santos, que discorreu sobre o valor do negro livre, citando fatos históricos alusivos à extinção da escravatura negra no Brasil.*
>
> *Nessa reunião foram inaugurados também os retratos de Luís Gama e Henrique Dias.*
>
> *Falaram ainda alguns membros de menor destaque, sendo os discursos entremeados de números literários.*
>
> *A sessão foi encerrada à uma hora da madrugada, sendo em seguida iniciado um programa recreativo. Em 14/05/1937.* ("Comemorações de 13 de Maio", Prontuário 1.538, Frente Negra Brasileira, Arquivo do Deops/SP, Aesp)

Na realidade, a própria Frente Negra colaborava com o regime de repressão política do governo Vargas. Para transmitir uma imagem de "pacífica e ordeira", ou seja, de uma entidade insuspeita, freqüentemente comunicava o Deops e/ou pedia sua autorização quando pretendia realizar uma série de eventos, como foi o caso do ofício assinado pelo secretário-geral Isaltino Veiga dos Santos em 8 de maio de 1933:

> Exmo. Sr. Dr. Armando Franco Soares Caiuby – D. E. Delegado da Ordem Social
>
> A Frente Negra Brasileira, por intermédio da sua comissão de Propaganda, fará realizar no dia 11 do corrente, no salão da Liga Lombarda, situado no Largo de São Paulo n. 18, uma importante reunião pública, na qual serão expostos os trabalhos desta agremiação no curto lapso de tempo de sua existência.
>
> Assim sendo a FNB sente-se orgulhosa em convidar V. Exa. para a referida reunião.
>
> Esperando merecer a honra de sua aquiescência ao nosso convite, subscrevemo-nos, com a mais elevada estima e distinta consideração. Pela Frente Brasileira. (Ofício s/n, Prontuário 1.538, Frente Negra Brasileira, Arquivo do Deops/SP, Aesp)

Devido à sua projeção e ao descaso dos partidos políticos tradicionais para a "questão racial", a Frente Negra transformou-se em partido político em 1936. Do ponto de vista ideológico, a entidade defendia um projeto autoritário e nacionalista.[6] Arlindo Veiga dos Santos – seu primeiro presidente –, por exemplo, era radicalmente contrário à democracia e constantemente fazia apologia do fascismo europeu. E não era apenas Arlindo Veiga dos Santos que revelava simpatia pelos regimes autoritários em ascensão na Europa – sobretudo o fascismo na Itália e o nazismo na Alemanha –, muitos líderes negros vinculados à FNB faziam declarações públicas favoráveis a esses regimes. Chegou-se, inclusive, a elogiar a invasão da Etiópia pela Itália de Mussolini (Pinto, 1993, p. 148).

Com a instauração da ditadura do Estado Novo em 1937, a FNB – assim como todos os partidos políticos – foi extinta. A antiga entidade foi rebatizada logo depois com o nome União Negra Brasileira ("uma Sociedade Beneficente, Cultural e Artística da raça") e sobreviveu por aproximadamente um ano. O fechamento da Frente Negra causou uma sensação de frustração em estratos da "população de cor" em São Paulo.

TEATRO EXPERIMENTAL DO NEGRO (1944-1968): O PRECURSOR DO MOVIMENTO DA NEGRITUDE NO BRASIL

O Teatro Experimental do Negro (TEN) foi fundado no Rio de Janeiro, em 1944, num quadro político de crise e fim do Estado Novo. Essa conjuntura foi caracterizada pelo espírito renovador e democratizante do país, refletindo-se nas novas experiências culturais e intelectuais. Para seus fundadores (Abdias do Nascimento, Aguinaldo Camargo e Sebastião Rodrigues Alves), o TEN significou um ato de protesto pela ausência do negro nos palcos brasileiros – na época, era comum pintar o rosto do ator branco com camadas de maquiagem preta para representar personagens negros nos espetáculos teatrais (Nascimento, 1968b, p. 194).[7] Assim, a proposta original era formar um grupo teatral constituído apenas por atores negros, dedicado a encenar peças nas quais esses atores pudessem revelar todo o seu potencial artístico. O aparecimento público do TEN, porém, foi marcado por críticas dos setores mais conservadores da opinião pública. Em editorial intitulado "Teatro negro", o jornal *O Globo* alinhavava:

> *Uma corrente defensora da cultura nacional e do desenvolvimento da cena brasileira está propagando e sagrando a idéia da formação de um teatro de negros, na ilusão de que nos advenham daí maiores vantagens para a arte e desenvolvimento do espírito nacional. É evidente que semelhante lembrança não deve merecer o aplauso das figuras de responsabilidade no encaminhamento dessas questões, visto não haver nada entre nós que justifique essas distinções entre cena de brancos e cenas de negros.*
>
> *[...] Sem preconceitos, sem estigmas, misturados e em fusão nos cadinhos de todos os sangues, estamos construindo a nacionalidade e afirmando a raça de amanhã. (O Globo, Rio de Janeiro, 17 out. 1944)*

Apesar da resistência de alguns setores da opinião pública, o TEN conseguiu agitar, pelo menos por uma década, a cena teatral do Rio de Janeiro, bem como "conseguiu, em grande parte de sua produção, construir uma linguagem dramática alternativa" (Martins, 1995, p. 81). A estréia nos palcos aconteceu no Teatro Municipal do Rio de Janeiro, no dia 8 de maio de 1945, com a peça *O Imperador Jones*, do consagrado dramaturgo norte-americano Eugene O'Neill, Prêmio Nobel de Literatura. O grupo só conseguiu se apresentar no prestigiado Teatro Municipal devido à intervenção do presidente Getúlio Vargas. Durante um encontro do presidente com a classe teatral, Abdias do Nascimento teria feito um discurso acusando o Teatro Municipal de "fortaleza do racismo". Sensibilizado, Getúlio Vargas deu ordens que permitiram a apresentação do TEN no local (Douxami, 2001, p. 318). No ano de 1946, inspirado na experiência do TEN, Geraldo Campos criou em São Paulo um grupo homônimo e montou várias peças, dentre as quais destacaram-se *O cavalo e o santo*, de Augusto Boal, *João Sem Terra*, de Hermilo Borba Filho, e *O mulato*, de Langston Hughes.

Com o tempo, o TEN adquiriu uma dimensão mais ampla de atuação no campo político e social, não ficando restrito apenas ao desenvolvimento de atividades culturais.[8] Ainda em 1948, iniciou a publicação do jornal *Quilombo*, que funcionava como veículo de divulgação das idéias do grupo e estampava em diversos números um programa que visava a:

> *Trabalhar pela valorização do negro brasileiro em todos os setores: social, cultural, educacional, político, econômico e artístico. Para atingir esses objetivos QUILOMBO propõe-se a:*
>
> *1. Colaborar na formação da consciência de que não existem raças superiores nem servidão natural, conforme nos ensina a teologia, a filosofia e a ciência.*
>
> *2. Esclarecer ao negro que a escravidão significa um fenômeno histórico completamente superado, não devendo, por isso, constituir motivo para*

ódios ou ressentimentos e nem para inibições motivadas pela cor da epiderme que lhe recorda sempre o passado ignominioso.

3. Lutar para que, enquanto não for tornado gratuito o ensino em todos os graus, sejam admitidos estudantes negros, como pensionistas do Estado, em todos os estabelecimentos particulares e oficiais de ensino secundário e superior do país, inclusive nos estabelecimentos militares.

4. Combater os preconceitos de cor e de raça e as discriminações que por esses motivos se praticam, atentando contra a civilização cristã, as leis e a nossa constituição.

5. Pleitear para que seja previsto e definido o crime da discriminação racial e de cor em nossos códigos, tal como se fez em alguns estados de Norte-América e na Constituição Cubana de 1910. (Quilombo, Rio de Janeiro, jan. 1950, p. 3)

O programa citado possui algumas reivindicações avançadas para a época. Um exemplo disso é o ponto 3, que evoca a implementação do que posteriormente foi chamado de políticas de "ações afirmativas" em benefício da população negra na área da educação. O princípio básico de tais políticas era exigir que o Estado brasileiro garantisse a igualdade racial, compensando um grupo específico alijado do progresso educacional. Já o ponto 5 do programa era uma reivindicação a favor da criação de uma lei que tornasse o racismo crime previsto no código penal, nos moldes que transcorria em alguns países (como Estados Unidos e Cuba).

Colocado a serviço da militância cotidiana, o jornal *Quilombo* freqüentemente fazia denúncias de discriminação racial, como nos casos de casas beneficentes, de caridade e orfanatos, as quais exigiam das pessoas "a cor branca" como pré-requisito para serem atendidas. Algumas instituições de ensino também foram repudiadas por não aceitar a matrícula de estudantes negros (*Quilombo*, Rio de Janeiro, maio 1949, p. 8).

O jornal manteve diálogo com algumas personalidades africanas e afro-americanas de prestígio no movimento negro internacional – como

Langston Hughes, Alioune Diop, Katherine Dunham, George Schuyler e Ralph Bunche – e trocou correspondência com o periódico parisiense *Présence Africaine*. Em janeiro de 1950, foi publicada no *Quilombo* uma carta da África: "De Luanda, escreve-nos o leitor Thomé Agostinho das Neves, advogado e jornalista, felicitando-nos pela orientação deste jornal". Nesse mesmo número do *Quilombo*, foi traduzida uma matéria originalmente publicada no jornal norte-americano *The Pittsburgh Courier*, em 24 de setembro de 1949. Intitulado "Quilombo nos Estados Unidos", o artigo era assinado por George Schuyler: "Aos colégios negros e escolas superiores onde existem cursos de línguas latinas eu desejo concitar que assinem esse destacado periódico negro, como um auxílio aos seus estudantes" (*Quilombo*, Rio de Janeiro, jan. 1950, p. 4).

Em 1949, ocorreu uma dissidência no TEN. Descontentes com a orientação artística do grupo, Haroldo Costa e outros integrantes resolveram criar uma nova companhia teatral, denominada primeiro Grupo dos Novos e em seguida Teatro Folclórico Brasileiro.[9] Nesse mesmo ano, o TEN criou o Instituto Nacional do Negro (INN), um departamento de estudo e pesquisa sob a coordenação do sociólogo Guerreiro Ramos. No ano seguinte, em 1950, foi implementado mais um novo projeto: "O Instituto Nacional do Negro, que é o departamento de pesquisas e estudos do Teatro Experimental do Negro, inaugurou no dia 19 de janeiro o seu novo órgão, o Seminário de Grupoterapia" (*Quilombo*, Rio de Janeiro, jan. 1950, p. 6). O escopo dos seminários de grupoterapia era habilitar pessoas para organizar grupos de teatro voltados à conscientização racial e à eliminação dos complexos emocionais da "gente de cor" nos morros, nos terreiros e nas associações específicas, por meio do psicodrama – método terapêutico que produz efeitos catárticos no indivíduo.

Outra preocupação do TEN era apontar os "equívocos" e a "alienação" dos estudos sobre o afro-brasileiro (Nascimento, 1968b, p. 198). O intuito era fazer que o negro deixasse a condição de objeto e passasse a ser sujeito dinâmico desses estudos. Mais ainda: que as tradicionais abordagens "antropológicas e folcloristas" (típicas dos Congressos Afro-Brasileiros do Recife, em 1934, e da Bahia, em 1937) fossem substituídas por pesquisas engajadas no busca de soluções para o "problema do negro". Nessa perspectiva, o TEN colaborou com a Convenção Nacional do Negro em 1945, em São Paulo, e em 1946, no Rio de Janeiro (tendo como uma das principais resoluções aprovadas a defesa de uma legislação antidiscriminatória) e organizou os seguintes eventos: Conferência Nacional do Negro, em 1949; Primeiro Congresso do Negro Brasileiro, em 1950 (reunindo intelectuais do naipe de Edson Carneiro, Darcy Ribeiro e Roger Bastide); Semana do Negro, em 1955 (*Quilombo*, Rio de Janeiro, jan. 1950, p. 9).

Ainda em 1950, o TEN articulou a candidatura de Abdias do Nascimento nas eleições municipais do Rio de Janeiro, o que foi suficiente para provocar reação do jornal *O Globo* que, mais uma vez, condenou a iniciativa dos descendentes de africanos:

> *De algum tempo para cá, vêm-se constituindo correntes preocupadas em dar aos negros uma situação à parte. Com isso procura-se dividir, sem resultados louváveis. Teatro negro, jornal dos negros, clubes dos negros... Mas isso é imitação pura e simples, de efeitos perniciosos. Agora já se fala mesmo em candidatos ao pleito de outubro. Pode-se imaginar um movimento pior e mais danoso ao espírito indiscutível da nossa formação democrática? Vale a pena combatê-lo, desde logo, sem prejuízo dos direitos que os homens de cor reclamam e nunca lhes foram recusados. Do contrário, em vez de preconceitos de brancos teremos, paradoxalmente, preconceitos de pretos.* (*O Globo*, Rio de Janeiro, 13 abr. 1950, p. 1)

Essa foi a fase mais importante do grupo, quando adquiriu sede própria, fundou o Museu do Negro[10], encenou algumas montagens em respeitados teatros do Rio de Janeiro e realizou concursos de beleza. A propósito, uma das iniciativas de destaque foram os concursos para a eleição da "Rainha das Mulatas" e da "Boneca de Pixe", cujo objetivo era "proporcionar às mulheres negras uma oportunidade de se projetarem socialmente, de se valorizarem através dessa demonstração pública, em grande estilo, dos seus predicados, de suas virtudes, da sua vivacidade mental, graça, elegância e, sobretudo, de sua integração no que há de mais categorizado em matéria social" (Quilombo, Rio de Janeiro, jan. 1950, p. 9).

Portanto, a finalidade desses concursos era valorizar a beleza da mulher negra e denunciar o racismo dos tradicionais concursos de misses que aconteciam no país. A iniciativa fez relativo sucesso no meio negro fluminense. Em 1968, a entrega do prêmio "Rainha das Mulatas" contou com a presença de Henri Senghor, embaixador do Senegal e sobrinho do presidente daquele país, Léopold Senghor, uma das principais lideranças do movimento internacional da negritude.

Cumpre salientar que as mulheres tiveram importância na organização da luta anti-racista levada a cabo pelo TEN, nas diversas esferas de atuação. Entre os primeiros quadros da entidade, encontravam-se Arinda Serafim, Marina Gonçalves e Ruth de Souza. O jornal *Quilombo* reservava uma coluna específica intitulada "Fala Mulher", cuja articulista, Maria Nascimento, procurava ser porta-voz dos anseios da mulher negra. De acordo com Elisa Larkin Nascimento, o TEN impulsionou, a partir de 1950, a construção de duas organizações com recorte de gênero: a Associação das Empregadas Domésticas e o Conselho Nacional das Mulheres Negras. Esta última desenvolvia um trabalho educacional (com cursos infantis de dança, canto, música e teatro de bonecos, jardim-de-infância, cursos de alfabetização, curso de corte e costura, tricô, bordado e datilografia) e assistencialista, "ajudando a comunidade negra na solução de problemas básicos, como a obtenção de certidões de nascimento, carteiras de trabalho e serviços jurídicos" (Nascimento, 2000, p. 263).

Em 1955, o TEN promoveu um concurso de artes plásticas sobre o tema "Cristo Negro", o que provocou repercussão na grande imprensa. *O Jornal do Brasil*, em editorial de 26 de junho de 1955, manifestava sua indignação ante a proposta do evento: "Essa exposição que anuncia deveria ser proibida como altamente subversiva. As autoridades eclesiásticas devem, quanto antes, tomar providências para impedir a realização desse atentado feito à Religião e às Artes" (apud Nascimento, 1980, p. 107).

Em 1961, o TEN publicou a antologia *Drama para Negros e Prólogo para Brancos*, com nove peças escritas fundamentalmente para desenvolver uma dramaturgia negra no país. A antologia incluía as seguintes peças: *O filho pródigo*, de Lúcio Cardoso, *O castigo de Oxalá*, de Romeu Crusoé, *Auto da noiva*, de Rosário Fusco, *Sortilégio*, de Abdias do Nascimento, *Além do rio*, de Agostinho Olavo, *Filhos de santo*, de José de Morais Pinho, *Aruanda*, de Joaquim Ribeiro, *Anjo negro*, de Nelson Rodrigues e *O emparedado*, de Tasso de Silveira. O TEN foi um movimento cultural que pleiteou incursionar no desenvolvimento de uma estética dramática centrada na vida do negro brasileiro.

O grupo desenvolveu suas atividades conectado ao movimento internacional da negritude, que alimentava ideologicamente a crescente mobilização dos negros da diáspora e do continente africano, quer nos protestos a favor dos direitos civis dos afro-americanos nos Estados Unidos, quer nas lutas pela libertação nacional dos povos africanos após a Segunda Guerra Mundial. Adaptada ao contexto brasileiro, a ideologia da negritude significou o germe de um novo referencial cultural. Em entrevista concedida a Christine Douxami (2001, p. 322), Abdias do Nascimento conta que se correspondia com um dos principais ativistas do movimento da negritude, Alioune Diop, que morava em Paris, onde também fundara um teatro negro, e era um dos criadores da revista *Présence Africaine*.

Já na década de 1950, o TEN deu os primeiros sinais de crise. Após a instauração da ditadura militar, em 1964, a crise foi intensificada. Mas, em que pesem as dificuldades, ainda foi possível levar a cabo um projeto: o Museu de Arte Negra. Nesse período, o grupo foi censurado e acusado de incitar o "racismo às avessas". Como resultado, foi praticamente extinto e, em 1968, seu principal dirigente, Abdias do Nascimento, partiu para o auto-exílio nos Estados Unidos, semanas antes da promulgação do Ato Institucional nº 5 (AI-5).

O CONTRADISCURSO DE RESISTÊNCIA DA FRENTE NEGRA BRASILEIRA E DO TEATRO EXPERIMENTAL DO NEGRO

Nesta etapa, a pretensão deste livro é fazer uma breve análise de discurso da Frente Negra Brasileira e do Teatro Experimental do Negro, mediante uma amostragem de textos que expresse qualitativamente o pensamento e os dilemas dos dois agrupamentos. Seguiremos as sugestões metodológicas de Maria Luiza Tucci Carneiro (1996), para quem "o estudo do discurso pode nos fornecer condições de penetrar na consciência dos homens, explicar suas condutas e as relações que mantém com os demais grupos sociais e étnicos. A linguagem nos revela os papéis assumidos, transformando-se em forma de representação mental". Aplicaremos tal abordagem, inicialmente, nos discursos produzidos pelas lideranças da Frente Negra Brasileira. O primeiro texto a ser examinado é um artigo do jornal *A Voz da Raça* chamado "Preocupação de proteger estrangeiros", cujos postulados básicos eram a xenofobia e a defesa do trabalhador negro:

> *Prolifera desastradamente no Brasil, especialmente nesta terra de São Paulo, uma doença grave: a mania de proteger exageradamente o estrangeiro.*
>
> *Parece que, quando se levanta uma campanha de saneamento nacional contra "hóspedes" imorais, exploradores, ladrões, anarquistas, comunistas, logo a preocupação dos jornais é defender os bandidos, os ladrões, os indesejáveis que enchem a nossa Terra, que tão feliz era quando não havia tanto explorador, tanto sem-vergonha, tantos desmoralizadores dos nossos costumes, tantos anarquizadores de nossa religião.*
>
> *Vêm aqui, estrangeiros, arrogam-se direitos iguais aos nossos, metem-se na política nacional como filhos da terra, fazem atos reprováveis, criti-*

cam-nos em seus jornais, dizem desaforos contra nós dentro de nossa casa, mandam reportagens desaforadas para a sua terra, cospem no prato em que comem.

Em São Paulo, há uma infinidade de negros desempregados: os lugares são ocupados por estrangeiros. Há patrões e chefes de obras estrangeiros que, sistematicamente, não contratam operários brasileiros, sobretudo se são operários negros.

Casas estrangeiras há aqui que despedem empregados nacionais e mandam buscar no exterior "patrícios" para encrencar as nossas vidas. Agora, por exemplo, estamos sendo invadidos pelos judeus.

Outras empresas estrangeiras, pagam menos ao nacional que ao seu "patrício", às vezes solene cavalgadura... [...] Por que não sindicam os Srs. Deputados a situação do trabalhador nacional? do negro, por exemplo... Por que não se ergue uma voz dos nossos "representantes" contra as injustiças que o negro sofre continuamente?! [...]

Vá o "gangster" à sua terra e escreva as impressões "maravilhosas" sobre o Brasil, como quase todos... sobre este país de "negros imbecis", como disse há pouco um francês.

Talvez um dia o brasileiro, com tanta lição, deixará de sentimentalismos a favor de piratas estrangeiros. (A Voz da Raça, São Paulo, 29 dez. 1934, p. 1)

O artigo é uma denúncia do quadro de exclusão social do negro em São Paulo, desencadeado pela entrada em massa de "estrangeiros" no pós-Abolição. O discurso xenófobo tem como um dos eixos centrais a fabricação de uma imagem negativa e estereotipada do estrangeiro, o qual é rotulado de "pirata", "gângster" e "sem-vergonha". Haveria uma rede de proteção e privilégios aos estrangeiros que, por sua vez, cuspiam no prato em que comiam e discriminavam uma das matrizes da nacionalidade: "a população de cor". Por isso, os imigrantes eram caracterizados como oportunistas, exploradores, descomprometidos com os interesses da nação e, para complicar, inimigos do negro – o verdadeiro patriota.

Ao contrário do que acontecia com os imigrantes europeus, não havia políticas públicas em benefício dos "homens de cor". De acordo com o articulista, o patronato estrangeiro "sistematicamente" repelia o trabalhador nacional – sobretudo o negro. Em seu lugar, empregava-se o compatriota europeu, contribuindo para agravar o drama de milhares de patrícios desempregados. Por esse prisma, o negro não estava despreparado face aos novos desafios profissionais do sistema ocupacional paulista no início do século XX nem era vagabundo ou indolente. O clima retratado é quase conspiratório. O artigo leva a pensar que a marginalização do trabalhador negro não se operou por sua livre e espontânea vontade, porém foi obra de uma política mais geral de contratação de mão-de-obra fundada no banimento do ex-escravo e de seus descendentes. Em outras palavras, a população de descendentes de africanos não foi culpada por seu estado de exclusão – foi, isto sim, vítima de práticas discriminatórias no emergente mercado de trabalho livre. Não deixa de ser exalada certa dose de anti-semitismo quando é dito que os judeus estariam, igualmente, invadindo o país.

Em um artigo chamado "Basta de exploração!!!", Arlindo Veiga dos Santos expõe a posição autoritária da Frente Negra e indica de que maneira o exemplo de projeto nacional de política racial do regime nazista deveria ser seguido pelo Brasil:

> *Que nos importa que Hitler não queira, na sua terra, o sangue negro? Isso mostra unicamente que a Alemanha Nova se orgulha da sua raça. Nós também, nós Brasileiros, temos RAÇA. Não queremos saber de ariano. QUEREMOS O BRASILEIRO NEGRO E MESTIÇO que nunca traiu nem trairá a Nação.*
>
> *Nós somos contra a importação do sangue estrangeiro que vem somente atrapalhar a vida do Brasil, a unidade da nossa Pátria, da nossa raça, da nossa Língua.*
>
> *Hitler afirma a raça alemã. Nós afirmamos a Raça Brasileira, sobretudo no seu elemento mais forte: O NEGRO BRASILEIRO.*

> *Resposta a um boletim lançado pela canalha anarquista-comunista-socialista, que obedece aos patrões judeus e estrangeiros. Frentenegrinos! Negros em geral! A postos contra a onda estrangeira, que, além de vir tomar o nosso trabalho, ainda quer dominar, por um regime iníquo e bandalho, o Brasil dos nossos avós. (A Voz da Raça, São Paulo, 9 dez. 1933, p. 1)*

O discurso de Arlindo Veiga dos Santos é uma declaração de princípio, marcado por um nacionalismo fundamentalista. Para o primeiro presidente da Frente Negra, não importavam os meios, mas os fins do nazismo: a valorização racial da Alemanha. Por isso, era irrelevante se Adolf Hitler conduzia a Alemanha por métodos racistas, pois a aversão ao "sangue negro" era interpretada como uma medida de orgulho patriótico, um gesto nacionalista, que visava, exclusivamente, a proteger a raça (termo que também é empregado como sinônimo de povo) ariana. O projeto nacional do regime nazista era concebido de maneira tão positiva que nós brasileiros deveríamos seguir o mesmo exemplo e aplicá-lo em nosso país, pelo menos no que dizia respeito à sua ideologia racial, ou seja, tínhamos de ter uma postura anti-semita e xenófoba e sermos refratários aos "arianos" e à entrada dos imigrantes – que colocavam em risco a unidade nacional e racial do país. Implantando um projeto nacional nos moldes nazistas, conseguiríamos valorizar o autêntico brasileiro, o negro ou mestiço. Em suma, só com uma política nazista afirmaríamos a verdadeira raça brasileira, "sobretudo em seu elemento mais forte: o negro".

Arlindo Veiga dos Santos também se utiliza do simbolismo da linguagem poética para protestar contra o estado de abandono e penúria que passou a viver a população negra em São Paulo no pós-Abolição. Em sua avaliação, o branco – seja nacional, seja estrangeiro – era o principal responsável por esse processo. A poesia, intitulada "Fala de negro velho", é narrada em primeira pessoa por um ancião – provavelmente um ex-escravo – que sente na pele todos os infortúnios derivados da marginalização:

Sabem quem sou? Negro-velho!
Negro-Velho não tem nome.
Antigamente fui tudo...
Agora! O Negro nem come!
[...]
Sou Negro-velho do eito.
Num tempo de mais carinho,
Havia trabalho certo
e era certo o feijãozinho.
Quando hoje eu passo na rua,
Ninguém me conhece mais;
Veio outra gente de longe
que hoje são os maiorais.
Apanhei muito em meu tempo,
mas apanhei de patrício;
Hoje, patrício e estrangeiro
de me xingar têm o vício.

"Olha o negro!" escuto sempre à
minha inútil passagem.
Ninguém sabe quem eu sou...
E saber... pra que vantagem?
[...]
Negro-velho sem serviço
Vive "cavando" ano inteiro.
Todos dizem: Não há mais
serviço pra Brasileiro!
Pra isso que tanto sangue
derramei no Paraguai!
E quanto negro morreu
sem soluçar nem um ai!
[...]

> *Quando me olham com desprezo,*
> *ao Negro-velho capanga, sinto uma*
> *gana danada de me enfiar em*
> *pandenga.*
> *[...]*
> *Era pra isso a promessa?*
> *Para isso o sacrifício?*
> *Pra isso, da minha Gente*
> *Tanto, tanto desperdício?*
> *[...]*
> *Quero ver a gente antiga:*
> *Preto e branco juntamente.*
> *O branco de hoje – não presta!*
> *E o preto – não é mais gente!*
> *Meu coração, vendo tudo,*
> *para o perdão já não dá!*
> *E o negro-Novo, orgulhoso,*
> *no futuro o que fará?!...*
> *Sabem quem sou? – Negro-velho!*
> *Negro-velho não tem nome.*
> *Fiz tudo pelo Brasil.*
> *Agora? – Morro de fome.*
> (*A Voz da Raça*, São Paulo, 11 maio 1935, p. 1)

A tônica da poesia é a linguagem metafórica. Ambientada no contexto do pós-Abolição, conta a saga de um "negro-velho" desprovido de nome. Nesse sentido, podemos inferir que se trata de um sujeito sem identidade ou cuja identidade se perdeu. Narrado em primeira pessoa, "Negro-velho" personifica o eu coletivo, simbolizando o drama de um segmento racial. A crítica é sarcástica: antes, o negro era o principal agente de trabalho e produtor de riqueza do país; depois, "nem come".

Pela ótica de Arlindo Veiga dos Santos, o negro tinha trabalho e o "feijãozinho" na época da escravidão; depois, tornou-se um ser invisível e esquecido. Para agravar a situação do "Negro-velho", o "patrício" branco teria se aliado ao imigrante para atacá-lo. O resultado é que o "homem de cor" se tornou um desvalido. O "branco" do contexto pós-escravidão "não presta". Por isso, "Negro-velho" se sente ludibriado e revoltado. Ludibriado porque, em que pese tanto sacrifício desinteressado pela nação, passou a ser alvo da discriminação do patronato, que não contratava o autêntico "brasileiro": o próprio negro. E revoltado porque já não era mais tratado como "gente".

Mas, no final, "Negro-velho" reage, assumindo que já não é mais possível perdoar tanta injustiça, tanto sofrimento. E esse gesto de tomada de consciência – ainda que simbólico – é revelador, pois acena para o surgimento, na década de 1930, do "negro-Novo", um negro nacionalista, com orgulho racial, espírito competitivo e adaptado ao estilo urbano de vida.

A citação seguinte é uma resposta à campanha ideológica de desmoralização movida contra a FNB. "A fundação da 'Frente Negra Brasileira'", dizia um dirigente da agremiação, "contribuirá não para separação de raças, mas para educar os seus próprios elementos envergonhados de sua origem, demonstrando-lhes que ter o sangue africano não é vilipêndio" (*A Voz da Raça*, São Paulo, 20 maio 1933, p. 4). A FNB tinha um discurso conciliatório de combate ao racismo. Entretanto, era acusada por setores das elites, desde sua fundação, de insuflar o ódio racial, de promover o "racismo às avessas" e até mesmo de apregoar a separação entre as raças. Para evitar essa pecha, a entidade tinha uma preocupação permanente de responder aos ataques da opinião pública, fazendo um discurso em que se ressaltava quer a proposta assimilacionista quer o trabalho pedagógico de resgate da auto-estima do negro, conscientizando-o de que ter "sangue africano" não era "vilipêndio".

O fragmento de texto seguinte foi um panfleto, escrito – mais uma vez – por Arlindo Veiga dos Santos. Distribuído "em mãos" para os filiados da Frente Negra, tinha a intenção de conscientizá-los acerca da posição nacionalista da entidade. O título do texto, "Meus irmãos negros! Viva a raça!", já indicava para quem era endereçado o discurso:

> *Não vos submetais aos que vos querem vender qual mercadoria fácil e indefesa. Somos hoje, graças a Deus, independentes e livres dentro da nova ordem de coisas estabelecida pela Revolução de Outubro.*
>
> *Quando demos apoio à Ditadura, ao Exército Nacional na pessoa do Sr. General Góes Monteiro, e quando apoiamos o programa do Clube 3 de Outubro, não foi para sermos de novo escravos como desejam alguns que nos querem coarctar a liberdade, que nos querem vender aos interesses particulares: foi porque vimos que a Nação estava ameaçada pela voracidade dos partidistas ambiciosos, dos separatistas e bairristas e também dos internacionalistas, inimigos da Unidade da Pátria que é em suma parte obra dos Nossos Avós Africanos e Bugres, inimigos esses que acodem pelo nome nefando e criminoso de comunistas, quase todos estrangeiros, cujo jugo altivo e violentamente repetimos, quer se escondam sob o manto de "salvadores" dos operários cosmopolitas, quer se esgarcem sob o título suspeito de amigos de lutas... de classes.* (São Paulo, 4 maio 1932, Prontuário 1.538, Frente Negra Brasileira, Arquivo do Deops/SP, Aesp)

O título do panfleto também era um jargão usado para a construção do orgulho racial. O panfleto exorta os frentenegrinos a não se passarem por mercadoria "fácil e indefesa", pois, com a subida de Getúlio Vargas ao poder, em 1930 (apontada pela metáfora "Revolução de Outubro"), teria se instaurado uma "nova ordem", asseguradora da independência e da liberdade. Arlindo Veiga dos Santos explica que o apoio da Frente Negra ao governo de Vargas era um gesto patriótico, porque a nação – construída por negros e índios, sobretudo – estava ameaçada naquele instante por "partidistas, separatistas e bairristas", além de por "criminosos" comunistas. Aliás, os comunistas são retratados como estrangeiros oportunistas que, a despeito de se apresentarem pelo manto de "salvadores dos operários" ou "amigos de luta", seriam, na verdade, inimigos da "unidade da pátria", da suposta comunhão nacional.

O próximo texto é um manifesto político denominado "Frente Negra Brasileira". Escrito por Isaltino Veiga dos Santos, foi publicado no *Diário da Noite*, jornal de ampla circulação nos meios populares em São Paulo. O uso de metáforas e hipérboles é uma constante. A visão maniqueísta segundo o qual o grupo étnico branco atentava contra a população negra pautava praticamente toda a argumentação:

> *Patrícios negros – intelectuais, operários, soldados e marinheiros –, alerta! Assistimos aos "patriotismos" dos representantes da mentalidade exploradora liberal-democrática falida e desmoralizada, às arruaças dos filhos da burguesia cheia de preconceitos e plutocracia, escravizadora dos nossos grandes avós e hoje aliada aos filhos inadaptados dos imigrantes, aliada aos estrangeiros de todas as procedências que nos exploraram, exploram e sopram paulistismo caricato e estomacal.*
>
> *[...]*
>
> *Nós negros é que em grande parte fizemos a riqueza econômica de São Paulo e do Brasil, riqueza sólida agrícola que não estava penhorada no prego. Nós que defendemos o Brasil nas guerras e revoluções, e na guerra de Independência e nos campos do Paraguai estávamos na proporção de 75 (setenta e cinco) por cento! Nós que temos padecido é que mais podemos falar! Nós que, com nossos irmãos cafusos e bugres, fomos a força das Bandeiras! Por isso, Patrícios, somos os mais responsáveis pelo Brasil único e indiviso que, em suma, parte é obra nossa.*
>
> *Nós negros temos de amar a nossa Obra! Nós não podemos trair o nosso Brasil! Traição façam os "patrícios" e o estrangeiro desleal que só quer comer e "fazer América". Negros intelectuais, operários, soldados e marinheiros! Estejamos alerta contra os que se enriqueceram a nossa custa com o suor do nosso rosto, e agora, aliados aos estrangeiros e semi-estrangeiros, bancam mártires.*
>
> *Negros! De pé pelo Brasil e pela raça! Somos brasileiros! Só brasileiros!*

Sejamos dignos dos nossos avós – Grande Conselho da Frente Negra Brasileira. (*Diário da Noite*, São Paulo, 27 jan. 1932)

Nesse manifesto publicado pelo *Diário da Noite*, o primeiro ponto a ser destacado é que o discurso de Isaltino Veiga dos Santos é dirigido aos negros inseridos socialmente – intelectuais, operários, soldados e marinheiros –, e não aos desvalidos, ou seja, aos párias da ordem vigente. Um segundo aspecto importante são os ataques desferidos contra o liberalismo e a democracia. Pelo discurso do secretário-geral da Frente Negra, a única saída capaz de colocar ordem na pátria e garantir o progresso da nação seria a implantação de um projeto político autenticamente nacionalista, com viés autoritário. Só assim seria possível eliminar a ameaça representada pela união da burguesia brasileira com os imigrantes. Segundo Isaltino dos Santos, a burguesia brasileira era provida de uma mentalidade escravizadora; já seus aliados "estrangeiros de toda procedência" não passavam de exploradores.

Fica patente a produção de uma imagem negativa dos imigrantes e da burguesia brasileira que, por sinal, é considerada preconceituosa. O negro seria alvo de um plano desleal, porém deveria continuar manifestando seu orgulho nacionalista. Afinal, além de ser produtor histórico da riqueza econômica, teria sempre defendido o Brasil no campo de batalha e participado das míticas Bandeiras; foi o principal responsável "pelo Brasil único e indiviso". O negro seria mais brasileiro do que qualquer outro segmento étnico branco. Por isso, devia continuar amando o país, e não traí-lo como os "patrícios" brancos alienados e o imigrante oportunista.

Ainda é possível fazer três observações relevantes. Primeira, a evocação de um passado mítico: "Sejamos dignos dos nossos avós". Como herdeiros dos escravos, os negros deveriam trabalhar com ardor e sacrifício em prol da construção da riqueza do Brasil. Segunda observação, a negação da ancestralidade africana: "Somos brasileiros! Só brasileiros!" Essa exclamação sinaliza como as lideranças negras naquele instante eram nacionalistas e não tinham um discurso afrocentrista. O "homem de cor" tinha de se considerar apenas brasileiro, e não afro-brasileiro, devendo, portanto, se desvencilhar de sua herança africana. Terceira observação, o discurso de Isaltino Veiga dos Santos leva a pensar que os negros eram os agentes mais capazes (ou autênticos) para redimir todos os males e desvios da nação. Daí a convocatória de conotação salvacionista no final do manifesto: "Negros! De pé pelo Brasil e pela raça!"

O DISCURSO DE RESISTÊNCIA DO TEATRO EXPERIMENTAL DO NEGRO

A partir de agora, vamos continuar efetuando o mesmo exercício interpretativo, doravante centrado nos discursos proferidos pelo Teatro Experimental do Negro. O primeiro documento a ser perscrutado é um fragmento de texto escrito por Guerreiro Ramos, um dos principais colaboradores do grupo, cuja produção intelectual referente à "questão racial" influenciou um setor do movimento negro no Rio de Janeiro. Nesse artigo, Guerreiro Ramos não só aponta as causas, mas propõe pretensas soluções para superar a marginalização do negro na sociedade brasileira do pós-Abolição:

> A condição jurídica de cidadão livre dada ao negro foi um avanço, sem dúvida. Mas um avanço puramente simbólico, abstrato. Socioculturalmente, aquela condição não se configurou; de um lado, porque a estrutura de dominação da sociedade brasileira não se alterou; de outro lado, porque a massa juridicamente liberta estava psicologicamente despreparada para assumir as funções da cidadania.
>
> Assim para que o processo de libertação desta massa se positive é necessário reeducá-la e criar as condições sociais e econômicas para que esta reeducação se efetive. A simples reeducação desta massa desacompanhada de correlata transformação da realidade sociocultural representa a criação de situações marginais dentro da sociedade.

> *É necessário instalar na sociedade brasileira mecanismos integrativos de capilaridade social capazes de dar função e posição adequada aos elementos da massa de cor que se adestrarem nos estilos de nossas classes dominantes.* (Ramos *apud* Nascimento, 1950, p. 37)

O primeiro aspecto que consideramos digno de nota é que Guerreiro Ramos sempre se refere ao negro como "massa", como se fosse um povo amorfo, homogêneo, manobrável e desprovido de contradições. Esse termo é empregado quatro vezes em três parágrafos do artigo. O segundo ponto a ser salientado é que Guerreiro Ramos avalia, pelo menos no plano do discurso, que a "massa" negra egressa da escravidão era psicologicamente despreparada e precisava ser reeducada. No entanto, não se indica como empiricamente seria operado esse processo. A "reeducação" do negro é um clichê reiterado, bem como a defesa de "mecanismos integrativos de capilaridade social". Capilaridade é uma palavra muito usada no sentido biológico, que se remete à linguagem do corpo. O uso desse recurso é para demonstrar simbolicamente que o Brasil é um organismo deficiente ou incompleto, na medida em que não garantiu a efetiva integração social do negro no corpo da nação. Destarte, seria necessária uma intervenção cirúrgica para assegurar que "os elementos da massa de cor" se adestrem nos estilos de vida de "nossas classes dominantes". Adestrar é um termo normalmente usado para se referir ao treinamento de animais irracionais. Porém, suspeitamos que não seja esse o significado que Guerreiro Ramos confere à palavra "adestrar", mas sim o de "habilitar", "preparar" ou "capacitar" o negro a se tornar classe dominante. Por fim, é possível conjecturar que, no limite, o TEN tinha uma proposta fundada na mobilidade social e na formação de uma elite negra.

O discurso de resistência do TEN, na maior parte das vezes, tinha caráter moderado. Esse foi o caso do artigo escrito por Guerreiro Ramos e batizado de "O negro no Brasil e um exame de consciência". "O Teatro Experimental do Negro é, no Brasil, a única instituição em seu gênero que encarna este espírito de conciliação. Ele não é uma semente de ódio. É uma entidade pela qual os homens de cor do Brasil manifestam sua presença inteligente e alerta a um apelo do mundo" (Ramos *apud* Nascimento, 1950, p. 43). Esse excerto é, na verdade, uma resposta às consecutivas acusações de que o TEN estava querendo criar um problema que pretensamente não existia no Brasil: o problema do racismo. Guerreiro Ramos faz questão de frisar que o grupo tinha um "espírito de conciliação"; logo, jamais seria capaz de plantar o ódio racial ou promover o "racismo às avessas". Nessa concepção, o TEN seria antes um agrupamento criado para marcar posição na sociedade, a fim de sensibilizá-la para a situação do negro. O intuito era evitar, de qualquer maneira, que o TEN ficasse estigmatizado negativamente com relação à opinião pública.

O grupo tinha uma proposta ideológica a favor do orgulho racial. O artigo "Valorização do homem de cor" é uma evidência de que o agrupamento significava o despertar de uma nova era, tendo como eixo central o protagonismo negro no país:

A nossa luta tem sido toda ela dirigida a um único fito: a valorização do homem de cor do Brasil. Os racistas camuflados e os indiferentes "snobs" tudo têm feito para dificultar a nossa ação, seja com o pregão de que estamos querendo "criar um preconceito de cor", seja negando a onda cada vez maior dos pretos brasileiros que já despertam para a grande caminhada em busca de novos horizontes, a procura de um clima de maior segurança e assistência social-econômica. A nossa luta, entretanto, não pára, jamais se deteve ou se deterá.

A princípio, eram apenas algumas vozes isoladas. Hoje milhares de negros, em todo o território nacional, despertam do marasmo a que se haviam entregado, olhando para o alto, procurando enxergar a luz da liberdade, liberdade da ignorância, da miséria, do analfabetismo etc.

Esta consciência é hoje uma realidade, quando anos atrás representava apenas um sonho. O homem de cor do Brasil resolveu recuperar o tempo perdido. É a hora da descoberta das suas próprias forças e d[a] marcha para uma nova vida.

> Antigamente, as conquistas do negro representavam casos isolados. Os próprios pretos que venciam na vida renegavam a sua raça, voltavam-lhe as costas e procuravam "embranquizar-se". Isto, entretanto, pouco a pouco vai desaparecendo. Existe já uma disciplina, uma união, uma consciência de raça. O negro não é um ser inferior.
>
> O homem de cor deste país já se apercebeu disto. De tanto martelarem aos seus ouvidos que era um tipo inferior, ele quase acreditou. E talvez se deixasse dominar não fôra o brado de alerta que reuniu os negros idealistas desinteressados que pretendiam lutar – e lutaram – pela valorização dos seus semelhantes. (Quilombo, Rio de Janeiro, jan. 1950, p. 3)

No início, o discurso tem um tom informativo, definindo o sentido da luta do TEN: "valorização do homem de cor do Brasil". Aliás, "homem de cor" é o termo mais usado para designar o afro-brasileiro no artigo. Além de "homem de cor", ainda são empregados os termos "preto" ou o "negro". Esse é um indicador de que não havia consenso sobre qual seria a melhor maneira de se referir aos afro-brasileiros. É interessante notar como os racistas brasileiros são qualificados: "camuflados" e, mais indiretamente, "snobs".

Com um sentido metafórico, o artigo caracteriza que estaria em marcha no país um movimento inovador de tomada de consciência dos "pretos brasileiros" no caminho da emancipação. Segundo essa visão, os negros mantiveram uma posição passiva, e os ativistas eram vozes isoladas, mas, a partir do movimento encabeçado pelo TEN, "milhares de negros" estariam se levantando na busca da "luz da liberdade", em prol da superação da "ignorância, da miséria, do analfabetismo etc.". Em outras palavras, a "população de cor" estaria, desde então, a caminho de uma nova era ou "nova vida".

O movimento inovador também teria reflexo na mentalidade da "gente negra". De acordo com essa concepção, o negro de antanho negava suas origens étnicas quando ascendia socialmente e procurava "embranquizar-se"; porém, com o trabalho do TEN, o negro já estaria assumindo uma posição de se afirmar como ser que "não é inferior". E isso só era possível graças ao idealismo da militância desinteressada, voluntarista, que exercia um papel de liderança ideológica da comunidade negra.

Denominado "Liberdade de culto", o próximo artigo foi publicado no jornal *Quilombo*. Escrito por Edson Carneiro, é uma denúncia do preconceito que existia contra as religiões de matriz africana no país. O texto demonstra que o discurso de intolerância racial também atingia o terreno religioso:

> Nenhuma das liberdades civis tem sido tão impunemente desrespeitada, no Brasil, como a liberdade de culto.
>
> Esse desrespeito a liberdade tão elementar atinge apenas as religiões chamadas inferiores. E, quanto mais inferiores, mais perseguidas. A Igreja Católica não se vê incomodada pelas autoridades policiais, ainda que interrompa o tráfego, numa cidade sem ruas como o Rio de Janeiro, com as suas morosas procissões. Nem as seitas protestantes. Outras religiões mais discretas, de menor número de aderentes, como a budista e a muçulmana, escapam somente porque a sua própria discrição as resguarda. Já as religiões mais populares, mais ao agrado da massa – o espiritismo e macumba – são vítimas quase cotidianas da influencia moralizadora – a depredação, as borrachadas e os bofetões – da polícia. De segunda a sábado, as folhas diárias, numa inconsciência criminosa dos perigos a que expõem todos os brasileiros, incitam a policia a invadir esta ou aquela casa de culto, cobrindo de ridículo as cerimônias que ali se realizam. E ninguém se levanta em defesa do direto tão primário que têm os responsáveis e os fregueses dessas casas, de dar expansão aos seus sentimentos religiosos como lhes parecer mais conveniente. (Quilombo, Rio de Janeiro, jan. 1950, p. 7)

Como salientamos, o artigo é uma denúncia da forma como as religiões de matriz africana eram depreciadas no país. O interessante a notar é que Edson Carneiro define as igrejas protestantes como seitas, e não como religião. Já as religiões de menor inserção social são denominadas de discretas, insinuando que as religiões "mas ao agrado da massa", como a "macumba", eram vistas como indiscretas.

No entender de Edson Carneiro, o poder público dispensava um tratamento diferenciado às religiões. A Igreja Católica organizava "procissões" que prejudicavam a vida do cidadão nos espaços públicos da cidade do Rio de Janeiro e não era incomodada por autoridades policiais, ao passo que as religiões denominadas inferiores, sobretudo as espíritas, eram desprovidas de liberdade religiosa: eram desrespeitadas em seus direitos mais elementares. As religiões espíritas eram geralmente (des)classificadas de baixo e alto espiritismo. Religião de origem européia, o espiritismo na versão kardecista era considerado alto espiritismo. Daí a relativa tolerância de que desfrutava. Já as religiões de matriz africana eram consideradas de baixo espiritismo, coisa do diabo ou magia negra, por isso sofriam toda sorte de repressão "moralizadora" da polícia. No bojo da defesa da liberdade de manifestação religiosa e igualdade de tratamento para os cultos da "macumba", Edson Carneiro ainda fazia uma crítica ao descaso da opinião pública diante dos ataques sofridos pelas "religiões mais populares".

EM RESUMO

A Frente Negra Brasileira conseguiu unificar vários grupos e organizações existentes no meio negro em São Paulo. Realizou um trabalho de agitação, propaganda e mobilização dos "homens de cor" sem precedentes e que jamais "alcançou paralelo em outras tentativas ulteriores" (Fernandes, 1978, v. 2, p. 46). Além de ter causado impacto pedagógico, a fundação da FNB despertou nos descendentes de africanos uma consciência racial (Bastide e Fernandes, 1959, p. 228). A entidade contribuiu para criar o clima moral que produziria o surgimento do "novo negro", caracterizado pelo espírito industrioso, competitivo e adaptado ao estilo de vida urbano (Fernandes, 1978, v. 2, p. 53).

Já o Teatro Experimental do Negro colocou a arte a serviço da transformação da estrutura das relações raciais do país. Apesar de ser um agrupamento inserido no movimento negro, o TEN teve a perspicácia de entender que a luta anti-racista é uma tarefa de caráter democrático, necessitando ser travada pelo conjunto da sociedade brasileira. Daí a estratégia de capitalizar o apoio dos setores mais democráticos e comprometidos com as causas sociais. Com esse espírito, o agrupamento selou uma política de aliança com alguns artistas e intelectuais brancos, dentre os quais adquiriram preeminência Cacilda Becker, Bibi Ferreira, Maria Della Costa, Zbigniew Ziembinski, Carlos Drummond de Andrade, Austregésilo de Athayde, Florestan Fernandes, Roger Bastide e Roland Corbisier. A aliança, ou solidariedade ativa, de artistas e intelectuais brancos fez que o projeto de combate ao racismo do TEN não caísse no sectarismo. Fez também que tivesse maior representatividade e adquirisse visibilidade para a sociedade mais abrangente.

Com base na amostragem de textos apresentados, constatamos que existem alguns elementos em comum entre a FNB e o TEN. Primeiro, o discurso nacionalista de valorização do negro na qualidade de brasileiro, e não de descendente de africano. Segundo, a denúncia de restrições ou violações de direitos imposta ao negro na ordem republicana do país – os clamores contra a discriminação racial são uma constante. Terceiro, uma postura elitista das lideranças negras, com o uso de um discurso letrado, às vezes intelectualizado e prolixo, incompatível com a realidade da "massa negra". Quarto, em que pese o clima de revolta, o discurso daquelas lideranças é ordeiro: o negro teria de atuar dentro da ordem estabelecida. Por fim, é possível identificar implicitamente nos textos a denúncia do branqueamento.

Os elementos de divergência entre os dois agrupamentos também são múltiplos. A FNB era uma organização formal, com estatuto registrado em cartório, regimento e regulamentação a respeito de sua estrutura de funcionamento, ao passo que o TEN sempre se manteve na informalidade, não criando estatuto ou regimento, nem sequer regulamentando as divisões de tarefas, cargos, tempo de mandato de seus ativistas etc.

A FNB configurou-se num movimento de penetração nas massas, em detrimento do TEN, que foi um agrupamento vanguardista, com reduzido número de membros orgânicos. Do ponto de vista político, a FNB alinhava-se com os movimentos da direita autoritária da década de 1930, enquanto o TEN investia na aliança com as forças nacional-desenvolvidas do país, no período da república democrática (1945-1964). A FNB tinha um discurso mais assimilacionista dos valores culturais dominantes, ao passo que o TEN desenvolveu, ambiguamente, o embrião do que mais tarde foi qualificado de multiculturalismo. Para entender essa última distinção, faz-se necessário tecer algumas considerações. A FNB compelia os negros a reagir à discriminação racial no mercado de trabalho, na educação, na política, nos espaços de lazer, na rede de serviços, enfim, em todas as instâncias da sociedade civil. Entretanto, a reivindicação central era no sentido de assegurar a participação plena do negro na vida pública brasileira. Nessa fase, não se "reclamava de forma direta uma identidade cultural específica" (Nascimento, 2000, p. 205). Por sua vez, o TEN engendrou – ainda que de maneira incipiente – a ideologia da negritude, o que constituiu um dos principais legados para a auto-afirmação do negro no Brasil. Conforme assinala Elisa Larkin Nascimento, o "TEN marcou a vida cultural e política ao 'colocar em cena', tanto no âmbito do teatro como na sociedade de forma mais ampla, a identidade afro-brasileira" (Nascimento, 2000, p. 242).

A insensibilidade das elites para aceitar democraticamente a autodeterminação dos descendentes de africanos no país está registrada nos diversos ataques públicos desferidos contra a FNB e o TEN, quase sempre acusados da prática de racismo às avessas. No entanto, muitas dessas mesmas vozes se silenciavam e, em alguns casos, compactuavam com o esforço em prol da preservação cultural de certos grupos étnicos europeus (como alemães, italianos, espanhóis e portugueses).

A FNB e o TEN cooperaram para elevar a auto-estima dos descendentes de africanos, na medida em que impulsionaram seu espírito de solidariedade e união. Foram dois fulgurantes agrupamentos do movimento social negro em suas respectivas épocas e marcaram a entrada desse movimento como força política organizada no concerto da nação. Finalmente, vale registrar que tanto a FNB como o TEN colocaram em xeque – ainda que de forma ambivalente – o mito da democracia racial e, em certa medida, conseguiram pautar nos meios de comunicação de massa e na agenda nacional o debate sobre o racismo à brasileira. A despeito do malogro, esses dois agrupamentos representaram mais um acúmulo de forças do protagonismo negro no país.

NOTAS

1] Uma razoável bibliografia já se ocupou da Frente Negra Brasileira. Florestan Fernandes e Roger Bastide abordaram diversos aspectos da entidade numa das pesquisas pioneiras, publicada sob o título de *Brancos e negros em São Paulo* (1959). Florestan Fernandes retomou a temática, com uma análise mais aprofundada, em *A integração do negro na sociedade de classes*. Um importante estudo sobre a FNB foi realizado por Regina Pahim Pinto e é intitulado *O movimento negro em São Paulo: luta e identidade*. Miriam Ferrara, em *A imprensa negra paulista (1915-63)*, explora a história da FNB, mas sua pesquisa tem como mote a análise do jornal da entidade, *A Voz da Raça*, no bojo da denominada "imprensa negra". Já George Reid Andrews, em *Negros e brancos em São Paulo (1888-1988)*, insere a história da FNB no contexto de agitação política e polarização ideológica dos anos 1930. Andreas Hofbauer, em *Uma história de branqueamento ou o negro em questão*, faz uma análise da FNB diante dos dilemas do movimento negro e da ideologia do branqueamento em São Paulo na primeira metade do século XX. José Carlos Gomes da Silva, em *Os sub urbanos e a outra face da cidade – Negros em São Paulo: cotidiano, lazer e cidadania (1900-1930)*, investiga a FNB tendo como eixo o papel da "elite negra" sobre o conjunto da "população de cor". Já Jeferson Bacelar em "A Frente Negra Brasileira na Bahia", reconstitui alguns aspectos da versão baiana da FNB por meio principalmente da imprensa regular daquele Estado. Por fim, Marcelino Félix, em *As práticas político-pedagógicas da Frente Negra Brasileira na cidade de São Paulo (1931-1937)*, faz um breve histórico dessa entidade negra, enfocando centralmente suas experiências no campo educacional.

2] Carta ao chefe de polícia. Prontuário 1.538 (Frente Negra Brasileira), Arquivo do Departamento de Ordem Política e Social (Deops), Arquivo do Estado de São Paulo (Aesp).

3] Carta assinada por Isaltino Veiga dos Santos (03 mar. 1932). Prontuário 1.538 (Frente Negra Brasileira), Arquivo do Deops/SP, Aesp.

4] Algumas pesquisas já examinaram direta ou indiretamente o jornal *A Voz da Raça*. Entre elas se destacam: Bastide, 1951; Ferrara, 1986; Motta, 1986; Pinto, 1993.

5] Para o filósofo ganês Kwame Anthony Appiah (1997, p. 33), *racialismo* é a visão de que "existem características hereditárias, possuídas por membros de nossa espécie, que nos permitem dividi-los num pequeno conjunto de raças, de tal modo que todos os membros dessas raças compartilham entre si certos traços e tendências que eles não têm em comum com membros de nenhuma outra raça. Esses traços e tendências característicos de uma raça constituem, segundo a visão racialista, uma espécie de essência racial".

6] "Neste gravíssimo momento histórico, dois grandes deveres incumbem aos negros briosos e esforçados, unidos num só bloco da Frente Negra Brasileira: a defesa da gente negra e a defesa da Pátria, porque uma e outra coisa andam juntas, para todos aqueles que não querem trair a Pátria por forma alguma de internacionalismo. A nação acima de tudo" (*A Voz da Raça*, São Paulo, 18 mar. 1933, p. 1).

7] O trabalho pioneiro a abordar o Teatro Experimental do Negro foi realizado por Ricardo Gaspar Muller (1988a). O artigo sustenta, fundamentalmente, que o TEN empreendeu um projeto de criação de uma "elite de cor", que reivindicava ser a redentora do conjunto da população negra do país. Outro trabalho considerado importante é o de Elisa Larkin Nascimento (2000), que realiza um resgate histórico do TEN em suas diversas áreas de atuação (artístico-cultural, educacional, política), além de enfocar sua contribuição para a construção da ideologia da negritude no Brasil. Ainda é possível fazer referência a três investigações. A primeira é um artigo de Maria Angélica da Motta Maués (1988) em que são abordadas as contradições ideológicas e, em especial, a influência da ideologia do branqueamento no discurso do TEN. A segunda encontra-se no livro de Ieda Maria Martins (1995), que desenvolveu uma análise literária comparativa entre o Teatro Experimental do Negro no Brasil e o teatro negro nos Estados Unidos. A terceira investigação encontra-se em um artigo de Christine Douxami (2001), no qual a autora esquadrinha a proposta de teatro negro encampado pelo TEN, valorizando seus aspectos estéticos.

8] Na realidade, desde sua fundação em 1944, o TEN incidiu em outros domínios, como o educacional. Abdias do Nascimento estima que aproximadamente seiscentas pessoas se inscreveram no curso de alfabetização oferecido pela entidade (Nascimento, 1997, p. 73).

9] Segundo depoimento de Haroldo Costa para a revista *Dionysos*, no início o Teatro Folclórico Brasileiro tornou-se um pólo de atração cultural, logrando o apoio de várias pessoas, como Grande Otelo e Solano Trindade (*Dionysos*, n. 28, Rio de Janeiro, 1988, p. 143).

10] "No dia 26 de janeiro, no 3º andar da ABI, teve lugar a cerimônia de instalação do Museu do Negro, departamento do Instituto Nacional do Negro" (*Quilombo*, Rio de Janeiro, jan. 1950, p. 11).

3 | OS PÉROLAS NEGRAS: A PARTICIPAÇÃO DO NEGRO NA REVOLUÇÃO CONSTITUCIONALISTA DE 1932*

> Os patriotas pretos estão se arregimentando – Já seguiram vários batalhões – O entusiasmo na Chácara do Carvalho – Exercícios dia e noite – As mulheres de cor dedicam-se à grande causa. Também os negros de todos os Estados, que vivem em São Paulo, quando o clarim vibrou chamando para a defesa da causa sagrada os brasileiros dignos, formaram logo na linha de frente das tropas constitucionalistas. A epopéia gloriosa de Henrique Dias vai ser revivida na luta contra a ditadura. Patriotas, fortes e confiantes na grandeza do ideal por que se batem São Paulo e Mato Grosso, os negros, sob a direção do Dr. Joaquim Guaraná Sant'Anna, tenente Arlindo, do Corpo de Bombeiro, tenente Ivo e outros, uniram-se, formando batalhões que, adestrados no manejo das armas e na disciplina, vão levar, nas trincheiras extremas, desprendidos e leais, a sua bravura, conscientes de que se batem pela grandeza do Brasil que seus irmãos de raça, Rebouças, Patrocínio, Gama e outros muitos tanto dignificaram. Os nossos irmãos de cor, cujos ancestrais ajudaram a formar este Brasil grandioso, entrelaçando os pavilhões auriverde e Paulista, garbosos, ao som dos hinos e marchas militares, seguem cheios de fé, ao nosso lado, ao lado de todos os brasileiros que levantaram alto a bandeira do ideal da constitucionalização, para a cruzada cívica, sagrada, da união de todos os Estados sob o lábaro sacrossanto da pátria estremecida. (*A Gazeta*, São Paulo, 23 jul. 1932, p. 3)

* Esta é uma versão revisada de artigo publicado originalmente na revista *Afro-Ásia* (Universidade Federal da Bahia, n. 29-30, 2003, p. 199-245).

O artigo anterior, denominado "Os homens de cor e a causa sagrada do Brasil", foi escrito no jornal da grande imprensa, *A Gazeta*, catorze dias após o início daquele que é considerado o maior conflito armado já realizado em terra *brasilis*: a Revolução Constitucionalista de 1932. Para enfrentar o governo provisório de Getúlio Vargas por quase três meses, o Estado de São Paulo organizou o exército constitucionalista. Os negros participaram dessa mobilização, fundando inclusive batalhões específicos batizados de "Legião Negra". Os legionários eram conhecidos no imaginário popular como Pérolas Negras. Escrito por algum repórter que não se identifica, o artigo ressalta a mística de coragem, garra e heroísmo que teria marcado a trajetória do negro brasileiro na luta contra a opressão. Segundo essa mística, a "epopéia gloriosa de Henrique Dias" (líder negro que se aliou aos brancos com a "missão" de expulsar o invasor holandês do nordeste brasileiro, em meados do século XVII) seria "revivida na luta contra a ditadura" de Getúlio Vargas, presidente do país na época. Os negros seriam antes defensores da liberdade e da nacionalidade; por isso, sua participação nas forças constitucionalistas simbolizaria a continuidade do exemplo de "seus irmãos de raça" abolicionistas, André Rebouças, José do Patrocínio e Luís Gama, ícones da "grandeza" do país. Nesse artigo, o jornalista ainda informa o leitor da plena participação das "patriotas" mulheres negras no movimento.

Este capítulo tem a pretensão de resgatar a participação de milhares de negros e negras na Revolução Constitucionalista de 1932 e, especialmente, escrever a história da Legião Negra por meio de fontes documentais que evidenciem sua origem, suas lideranças, sua estrutura organizacional, sua dinâmica de funcionamento, seus métodos de arregimentação, seu desempenho no front de batalha, episódios marcantes e o papel da mulher negra, entre outras questões. Tem por objetivo demonstrar que, a despeito de sua ativa participação, o negro permanece "esquecido" pela memória oficial da Revolução Constitucionalista.

CONTEXTO DA REVOLUÇÃO CONSTITUCIONALISTA DE 1932

O golpe de Estado de 3 de outubro de 1930 – celebrizado na história oficial como Revolução de 30 – decretou o fim da "República Velha" e alçou Getúlio Vargas (um gaúcho de família de latifundiários) ao poder no Brasil. A antiga oligarquia foi, em tese, alijada do comando da nação. Para realizar essa empreitada, o movimento golpista contou com o apoio do setor considerado mais progressista da elite paulista, aglutinado no Partido Democrático, fundado em 1926. Chegando ao poder, Getúlio Vargas suspendeu direitos constitucionais, cassou adversários políticos e impôs uma série de medidas centralizadoras; em suma, implantou uma espécie de regime ditatorial, tendo como principal base social de sustentação o Movimento Tenentista. No plano do discurso, seu governo anunciou o combate sem tréguas às oligarquias regionais.

O novo governo, entretanto, contrariou as pretensões de seus aliados paulistas e nomeou João Alberto, um tenente nordestino, como interventor do Estado de São Paulo. As elites dirigentes paulistas ficaram descontentes com tais medidas e passaram a defender a descentralização do poder e a imediata constitucionalização do país, de acordo com os princípios da democracia liberal (Levine, 2001, p. 53). Nesse ínterim, o interventor João Alberto não resistiu às pressões políticas e demitiu-se em junho de 1931. A elite paulista, contando cada vez mais com o apoio das classes médias urbanas, ainda conseguiu reunir forças para derrubar mais três interventores do estado indicados pelo governo central.

Com o tempo, a luta a favor da redemocratização do país e da maior autonomia dos estados da federação sensibilizou diversas forças sociais e políticas, permitindo a aliança de antigos rivais no estado: o Partido Republicano Paulista (PRP), ligado à oligarquia, e o Partido Democrático (PD), vinculado à emergente burguesia industrial. Essa aliança resultou na formação da Frente Única Paulista, em fevereiro de 1932. O eixo da campanha oposicionista, nesse instante, era a defesa de um interventor civil e paulista.

O clima era de instabilidade política e crise institucional. Em março de 1932, cedendo parcialmente às pressões de São Paulo, o governo provisório de Getúlio Vargas promulgou o Código Eleitoral, instituiu uma comissão para elaborar o anteprojeto da Constituição e marcou eleições para o ano seguinte. O novo Código Eleitoral trouxe algumas inovações importantes: estabeleceu que o voto seria secreto e obrigatório e, pela primeira vez, reconheceu o direito de as mulheres votarem. Ainda em março de 1932, Vargas fez mais uma tentativa de pacificar São Paulo e nomeou um interventor civil e paulista, Pedro de Toledo. A notícia foi recebida sem entusiasmo. No movimento oposicionista, ninguém mais confiava no compromisso de Vargas com a reconstrução da democracia e a constitucionalização do país.

A essa altura dos acontecimentos, diversos grupos já conspiravam em São Paulo pela derrubada do governo central. Não havia mais interesse da elite política paulista em negociar. Como escreve Maria Helena Capelato, "a idéia de radicalização do processo já ganhara corpo. Ignorando, e até mesmo procurando ocultar as últimas medidas de Getúlio, deu-se continuação ao movimento pró-constitucionalização, e em nada se alterou a disposição de chegar à luta armada" (1981, p. 18). Um episódio trágico exaltou os ânimos. Na tentativa de empastelamento de um jornal tenentista – que apoiava o governo –, quatro rapazes (Martins, Miragaia, Dráusio e Camargo) foram mortos a tiros disparados da sede do jornal. Formou-se, assim, o batalhão de voluntários MMDC (batizado com as iniciais dos rapazes mortos), e o conflito foi precipitado.

Conforme observa Holien Gonçalves Bezerra (1988, p. 68), ironicamente os tenentes, Getúlio Vargas e a Revolução de 1930

> *haviam sido saudados, em São Paulo, com regozijo e como remédios salutares contra os desmandos políticos e econômicos da burguesia cafeeira paulista. Apenas um ano foi necessário para que os mecanismos ideológicos acionados mudassem as posições; aquelas pessoas que eram inimigas dos "políticos carcomidos" da República Velha (depostos na Revolução de 30)*

estão acorrendo aos comícios convocados conjuntamente por estes políticos e tomam parte em um movimento armado arquitetado com o auxílio deles. E, o que é mais importante, conseguem convencer "os paulistas" de que estão "participando ativamente" dos destinos da nação.

No dia 9 de julho de 1932, um sábado, deflagrou-se em São Paulo uma guerra contra o governo central. O esperado apoio do Rio Grande do Sul e de Minas Gerais não se efetivou. De Mato Grosso, chegaram apenas algumas centenas de soldados, tendo à frente o general Bertoldo Klinger, que assumiu o comando das operações militares do exército constitucionalista. A correlação de forças militares era extremamente desfavorável para São Paulo. Na realidade, esse Estado ficou praticamente isolado, contando apenas com a Força Pública e uma imensa mobilização popular para enfrentar as forças federais. De toda sorte, a luta pela constitucionalização do país e pela efetiva autonomia diante do regime federativo, além da própria mística de superioridade de São Paulo frente aos demais Estados, contagiou a população "bandeirante", unindo diversos setores sociais e grupos étnicos.

O mito da constituinte foi central no discurso da elite paulista. Por essa abordagem, a Constituição viria para "salvar" os paulistas (e os brasileiros) de todos os problemas. Da mesma maneira, para justificar a guerra, foi desenvolvida uma campanha ideológica, no sentido de convencer a todos de que não se estava lutando contra o resto do Brasil, mas sim pelo bem da nação. São Paulo estaria encampando uma luta sangrenta para redimir o Brasil. É importante reiterar que essa atitude refletia o sentimento de superioridade do Estado bandeirante, locomotiva que estaria arrastando os "vagões vazios" dos demais Estados da federação.

O ETNOCENTRISMO DA HISTORIOGRAFIA

A historiografia do Brasil é marcada por diversas lacunas e injustiças. Uma dessas lacunas é a ausência da população negra e afro-descendente de alguns episódios que compõem a seletiva memória nacional. A história oficial omite a participação dos negros no conflito armado conhecido como Revolução Constitucionalista de 1932. Sejam os livros dos ex-combatentes ou memorialistas, sejam as pesquisas dos historiadores, ninguém ainda descreveu em profundidade o papel dos negros, em geral, e da Legião Negra, em particular, na defesa dos ideais de democratização do país. Ainda não se confirmou a previsão feita pelo jornal *A Gazeta*, em 1932, de que "a Legião Negra terá, indiscutivelmente, o seu nome gravado com letras de ouro na história da epopéia piratiningana" (17 ago. 1932, p. 3). Um dos autores a fazer essa denúncia é Jeziel de Paula, que, em seu livro *1932: imagens construindo a história*, é contundente ao assinalar: "Provavelmente um dos mais desconhecidos, silenciados e menos estudados aspectos da guerra civil de 1932 seja a grande mobilização e intensa participação da comunidade negra de São Paulo" (1998, p. 164).

Será que tal "silêncio" é obra do acaso? Suspeita-se que não. Afinal, já foram escritas mais de 250 obras sobre esse movimento. Pela contagem de Holien Bezerra (1988, p. 66), em 1932 foram publicadas 46 obras; em 1933, 63 obras; em 1934, 21 obras; em 1935, 10 obras; em 1936, 5 obras. Esse "silêncio" (e, por que não dizer, exclusão) sobre alguns personagens ou segmentos raciais da história é fruto do etnocentrismo presente na produção acadêmica. Por vezes, o negro é considerado um ser "invisível", sem experiências e vivências socioculturais específicas, minimizando-se sua importância na construção do cenário histórico nacional.

Essa invisibilidade atinge respeitadas pesquisas historiográficas sobre o assunto. Apenas quatro exemplos são ilustrativos. O primeiro é um trabalho intitulado *1932: a guerra paulista*, de Hélio Silva, publicado em 1967. Nesse livro não se encontra uma única menção à participação do negro na cruzada constitucionalista do povo paulista. O segundo é uma pesquisa de doutorado publicada em 1981 e denominada *Artimanhas da dominação: São Paulo, 1932*, de Holien Gonçalves Bezerra, que destina seis linhas para discorrer sobre a Legião Negra. O terceiro é a obra *A guerra civil brasileira: história da Revolução Constitucionalista de 1932*, publicada em 1982, em que o brasilianista Stanley E. Hilton restringe a meio parágrafo de cinco linhas a descrição da referida Legião. O último caso emblemático é o livro *A Revolução de 32*, de Hernâni Donato, publicado em 1982. Esse estudioso dedica àquela organização apenas um relato: "A Legião Negra formou companhia de infantes, grupos de motoristas, manejou uma bateria de bombardas, deu a uma das suas companhias de infantes o nome André Vidal de Negreiros" (p. 126).

No quadro dos ex-combatentes ou memorialistas, esse fenômeno é análogo. Eis aqui um exemplo: no livro *Verdades da Revolução Paulista*, do capitão Gastão Goulart, a Legião Negra merece menção superficial em três trechos da obra e não é objeto de uma reconstrução histórica (1933, p. 218, 223, 231). Lendo *Verdades da Revolução Paulista*, não se desconfia que seu autor foi o comandante militar da Legião Negra, acompanhando-a em toda sua jornada de formação, em sua atuação e em sua dissolução após o conflito. A preocupação de Gastão Goulart é, sobretudo, enaltecer o heroísmo dos legítimos paulistas (os filhos dos bandeirantes), e não identificar a presença do negro em prol da causa constitucionalista. Esse ocultamento da participação do negro no movimento armado deve estar ligado ao fato de Goulart demonstrar simpatia pelas teorias do racismo científico da época, as quais, em síntese, defendiam a inferioridade biológica do negro (Goulart, 1933, p. 198, 244). No livro, Goulart faz uma série de alusões elogiosas aos conceitos divulgados por Gustave Le Bon, um dos principais teóricos do racismo científico na Europa do final do século XIX e início do século XX (Schwarcz, 1993).

Jeziel de Paula é o primeiro pesquisador a fazer um esboço histórico da Legião Negra. Não obstante, como é comum nos bosquejos, a investigação centrada nesse agrupamento é módica, resumindo-se a sete páginas. O autor emprega a iconografia como recurso metodológico e levanta a hipótese – por meio de uma das imagens – de que a Legião Negra procurava preservar alguns traços culturais de matriz africana: em sua sede, na Chácara do Carvalho, na hora das refeições, os soldados que serviam a comida utilizavam "vestimentas tipicamente banto, boné e túnica" (De Paula, 1988, p. 165). Este capítulo, portanto, tem a finalidade de desvelar parte da história da Revolução Constitucionalista de 1932 ainda não contada. Afinal, como se deu a participação organizada dos negros e negras no movimento?

A TRADIÇÃO DE LUTA ANTI-RACISTA E A FORMAÇÃO DA LEGIÃO NEGRA

Desde o fim da escravidão, a população negra tinha a tradição de se aglutinar e lutar por seus direitos civis por intermédio de associações e grêmios recreativos. Por isso, no início da década de 1930 o negro paulista já possuía certa organização coletiva. Nesse período, a associação que mais adquiriu proeminência no meio afro-paulista foi a Frente Negra Brasileira.

Quando explodiu o movimento constitucionalista, o interventor de São Paulo, Pedro de Toledo – que aderiu ao movimento –, marcou uma reunião com a FNB. Na ocasião, seus emissários propuseram que a entidade aderisse à causa constitucionalista. A FNB, todavia, resolveu manter uma posição de neutralidade no movimento. Pelo discurso de seus dirigentes, ainda persistia no meio negro o trauma da Guerra do Paraguai, quando os "patrícios" lutaram com "sangue, suor e lágrima" na linha de frente das batalhas, porém foram discriminados no exército brasileiro e não tiveram os mesmos direitos dos combatentes brancos. Alegavam também que os negros estavam divididos na guerra, pois participavam de ambos os exércitos; assim, seria inconcebível formar um batalhão só de negros, com a missão de matar seus patrícios do outro lado da trincheira.[1] Entretanto, a causa determinante para a postura de isenção da Frente Negra no conflito armado era a forte simpatia que os dirigentes da agremiação alimentavam pelo governo de Getúlio Vargas, sendo assim contrários à sua deposição. Em nota pública, a organização declarava:

> *A Frente Negra Brasileira, União Político-Social da Raça, com a finalidade dupla de lutar pela grandeza da Pátria unida e de trabalhar, sem esmorecimento, pelo alevantamento moral e intelectual do negro no Brasil, pela primeira vez, depois do movimento armado, que se acha de pé e em cuja vanguarda se encontra o grande Estado de São Paulo, [...] declara que todos os Frentenegrinos, residentes nesta Capital, no Interior do Estado, já foram cientificados de que a sua liberdade de pensar e agir não está, absolutamente, sujeita a quaisquer imposições da Frente Negra Brasileira, neste momento, mesmo porque não tem ela a mínima ligação com este ou aquele partido político, seja de civis ou militares, estando, porém, sempre solidária com as grandes causas, que venham ao encontro das aspirações nacionais.*
> ("A Frente Negra e sua atuação no atual movimento", *A Gazeta*, São Paulo, 16 jul. 1932, p. 3, e. ed.)[2]

É necessário ressaltar que a Frente Negra Brasileira, oficialmente, não tomou posição no movimento, recusando-se a organizar batalhões específicos de negros, mas liberou seus afiliados para agir conforme a própria consciência. Durante a guerra, a organização praticamente ficou inativa e suspendeu temporariamente as atividades regulares.

Com o início da guerra, estruturou-se em São Paulo o exército constitucionalista, composto por unidades do exército brasileiro sediadas no Estado, pela Força Pública e por batalhões de voluntários civis. Jamais houve uma convocação obrigatória de reservistas. Muitos dos batalhões eram criados por categorias específicas, como o de universitários, comerciários, operários, esportistas, ferroviários, professores e funcionários públicos. Surgiu até mesmo um batalhão de inspiração religiosa, o arquidiocesano, organizado pelos irmãos Maristas. Alguns desses batalhões tinham como marca distintiva o recorte étnico ou nacional, como o de italianos, portugueses, espanhóis, sírio-libaneses, alemães, ingleses e índios guaranis. Estes últimos foram empregados nas tarefas auxiliares.

A população negra também criou, no dia 14 de julho, uma quinta-feira – cinco dias após o início da guerra –, um batalhão específico, batizado de Legião Negra de São Paulo. Esse agrupamento foi uma dissidência da Frente Negra Brasileira.[3] Guaraná Santana era o chefe civil e o capitão da Força Pública; Gastão Goulart, o chefe militar. Os dois eram auxiliados pelo tenente Arlindo Ribeiro, também da Força Pública, e por Vicente Ferreira, uma das maiores lideranças da "classe dos homens de cor" na época. O tenente Cunha Glória era o secretário (*Folha da Noite*, São Paulo, 5 ago. 1932, p. 1, 1. ed.). A sede era na Chácara do Carvalho, antiga residência da família Prado, onde funcionava o Quartel General da Segunda Região Militar. A Legião era formada por três batalhões de infantaria e chegou a possuir um efetivo de aproximadamente dois mil combatentes que cerraram fileiras no exército constitucionalista ("3º Batalhão da Legião Negra", *Folha da Noite*, São Paulo, 30 jul. 1932, p. 4, 2. ed.).

OS VALORES RACIAIS DA ELITE

Na campanha ideológica da guerra, os constitucionalistas invocaram a tradição do povo paulista. Esse foi um momento de consolidação do mito do bandeirante, figura transformada em símbolo de heroísmo e vigor da "raça paulista". No largo São Francisco – centro da capital paulista –, o alto-falante bradava: "São Paulo de Borba Gato, São Paulo de Anhanguera". Montaram-se, orgulhosamente, batalhões de voluntários designados de Fernão Dias, Borba Gato e Raposo Tavares. O legado de "glória" dos bandeirantes, sustenta Maria Capelato, deixava de ser uma exclusividade das famílias tradicionais (os "paulistas de quatrocentos anos", descendentes de Fernão Dias) para se tornar uma virtude de todo o povo paulista: "Bandeirante passou a ser todo paulista que se dispusesse a partir para a luta", inclusive o negro, "ironicamente" (1981, p. 40). Segundo Capelato, a pretensa passividade do negro foi, no contexto da guerra, valorizada e redefinida como um aspecto positivo de resistência. Naquele momento, os negros também teriam passado a simbolizar o vigor da raça. Esqueciam-se, provisoriamente, as doutrinas científicas que classificavam os negros como seres inferiores. Incorporados à sociedade, eles constituiriam parte integrante da "raça privilegiada dos paulistas" (Capelato, 1981, p. 30). O discurso proferido pelo jornal *Folha da Noite* talvez endossasse a visão da autora:

> A "Legião Negra" está dando um exemplo comovente ao Estado de São Paulo. Ao primeiro apelo dos seus dirigentes, todos correram para defender a terra bem-amada, a terra do trabalho, a terra que não escolhe a ninguém para abrir os seus braços de concórdia brasileira e universal.
> A SOCIEDADE BANDEIRANTE [...] DEVE GUARDAR ETERNAMENTE NO CORAÇÃO A LEMBRANÇA DA RAÇA NEGRA.
> Conversamos com o Dr. J. Guaraná de Sant'Anna, que nos disse o seguinte: "Os descendentes da raça negra do Brasil aqui estão para tudo que seja luta e sacrifício. Estamos vivendo a hora mais expressiva da nossa pátria, que com o nosso sangue a temos redimido de todas as opressões [...]. Somos neste instante um dos maiores soldados desta cruzada. Venceremos".
> (*Folha da Noite*, São Paulo, 20 jul. 1932, p. 2)

Mas será que a elite paulista teria "esquecido" de fato, pelo menos temporariamente, de seu preconceito racial? Algumas evidências mostram que não. Até dezembro de 1932, o negro fora impedido de ingressar na Guarda Civil de São Paulo. Tal impedimento só teria sido superado após pressão da Frente Negra Brasileira em audiência com o presidente Getúlio Vargas. Nessa mesma linha de argumentação, pode-se incluir o depoimento revelador de José Correia Leite. Segundo ele, uma carta secreta que Pedro de Toledo escrevera antes de se tornar governador aconselhava os comandantes militares a evitar alistar negros e mendigos (Leite, Moreira, s.d., p. 16). Não foram obtidas outras fontes que confirmassem essa denúncia, mas ela, em si, já sinaliza o preconceito racial que predominava na elite política de São Paulo mesmo durante a revolução constitucionalista. É questionável, portanto, afirmar que esse foi um momento que propiciou a absorção do negro na identidade paulista.

Ivete Batista da Silva Almeida vai mais longe ao postular que, mesmo durante a guerra, o negro ficou simbolicamente "de fora da constituição da raça paulista" (1999, p. 100). De acordo com a autora, a elite "bandeirante" não concebia os negros que se alistaram no exército constitucionalista como autênticos paulistas, mas como homens negros em auxílio à causa paulista. Quem sistematizou teoricamente essa explicação foi o "aristocrata" Alfredo Ellis Júnior, na obra *Os primeiros troncos paulistas e o cruzamento euro-americano*, de 1936. Segundo esse intelectual (e ex-combatente), o negro estava fadado à extinção no planalto paulista no período do pós-Abolição devido a sua incapacidade de adaptação genética. A população paulista tendia a branquear-se rapidamente. Esse processo seria acelerado pela entrada em massa de imigrantes brancos europeus. Nessa obra, ele ainda "comprovou" a ausência do negro tanto na constituição étnica quanto no desenvolvimento socioeconômico de São Paulo. O discurso de um dos setores da elite, portanto, era o de que a população negra não teria contribuído para a formação da "nação paulista". Mais ainda: de que o papel desse segmento populacional "na memória e na história da guerra constitucionalista não é o de quem luta por uma causa que é sua, mas por uma causa que é dos paulistas" (Almeida, 1999, p. 104).

OS NOMES DOS BATALHÕES E DOS COMANDANTES

As cinco principais frentes de combate da guerra foram: a Frente Leste, na divisa com o Rio de Janeiro; a Frente Norte, na divisa com Minas Gerais; a Frente Sul, na divisa com o Paraná; a Frente Oeste, na divisa com Mato Grosso; e a Frente Litorânea. A Legião Negra – denominada, às vezes, de Henrique Dias – atuou mormente na Frente Norte e na Frente Sul (ou do Paraná). Ela era composta por batalhões (sendo o Marcílio Franco um dos principais) e por algumas tropas menores. A imprensa trazia informações sobre a estrutura organizacional, o nome dos comandantes e o destino dessas tropas. Na pesquisa realizada em alguns jornais de grande circulação, foi possível traçar a seguinte amostra:

> *Partiu ontem para a frente de batalha, com o seu efetivo completo, sob o comando do tenente Pedro Leite Mendes, a 3ª Companhia do "Batalhão Conselheiro Rebouças", pertencente à Legião Negra.* ("Legião Negra", *Jornal das Trincheiras – Órgão da Revolução Constitucionalista*, São Paulo, 15 set. 1932, p. 1)

> *O Grupo de Bombardas Pesadas da Legião Negra que já tem duas seções constituídas, sob o comando dos tenentes Joaquim Rudge e Anacleto Bernardo, antes de seguir para o "front", exercitar-se-á no quartel de Quitaúna, para onde partiu.* ("Entrega da bandeira ao grupo de bombardas da Legião Negra", *A Gazeta*, São Paulo, 17 ago. 1932, p. 3)

> *A Legião Negra forma os seus batalhões. Um deles, o "Henrique Dias", está pronto para partir.* (*Folha da Noite*, São Paulo, 20 jul. 1932, p. 2)

> *Hoje partirá a 2ª Companhia do "Batalhão Vidal de Negreiros", comandada pelo capitão Januário dos Santos.* (*Folha da Noite*, São Paulo, 5 ago. 1932, p. 1, 1. ed.)

> *Ontem, à noite, seguiu para o "front" mais uma companhia do 2ª Batalhão "Felipe Camarão", da Legião Negra.* ("Embarcou ontem um batalhão da Legião Negra de São Paulo", *Folha da Noite*, São Paulo, 10 ago. 1932, p. 3)

Verifica-se que normalmente o nome das tropas era dado como homenagem a alguma figura lendária da luta a favor da "população de cor", exceto o do batalhão Felipe Camarão – nome do índio que teria feito parte do movimento de libertação do Brasil do domínio holandês no período colonial –, que simbolizaria a perfeita integração racial do país. Por seu turno, pode-se definir o gesto de atribuir às tropas nomes de lideranças negras do passado como meio de afirmação pública de uma memória coletiva e uma identidade racial específica que não podiam ser forjadas nas outras tropas do exército constitucionalista.

Dentre as lideranças militares negras, mais alguns nomes precisam sair do anonimato: o do tenente Silva Barros, que comandou o 1º Pelotão (*Folha da Noite*, São Paulo, 30 jul. 1932, p. 1, 1. ed.); o do tenente Henrique, que se destacou pela bravura com que comandou uma das tropas da Legião Negra na frente norte, em Vila Queimada (Goulart, 1933, p. 230); o do tenente Newton Ribeiro de Catta Preta, eficazmente coadjuvado pelos tenentes Alexandre Seabra de Mello e Mário Leão, que lutaram "com desassombro nas diversas frentes de combate" (*Folha da Noite*, São Paulo, 28 ago. 1932, p. 2, 1. ed.). Contudo, o comandante negro que adquiriu mais notoriedade foi o tenente Arlindo: "uma das victimas do governo que São Paulo gloriosamente sacudiu é o ídolo dos negros. Militar disciplinado e disciplinador, impõe-se aos seus comandados" (*A Gazeta*, São Paulo, 23 jul. 1932, p. 3).

MÉTODOS DE PROPAGANDA E ARREGIMENTAÇÃO

A propaganda ocupa papel de destaque no convencimento da opinião pública dos ideais constitucionalistas. Todos os meios de comunicação foram colocados a serviço da sensibilização do "povo paulista" para a causa da "liberdade". Por meio de manifestos, panfletos, comícios, jornais e rádios, eram emitidas mensagens que impulsionavam *todos*, brancos e negros, a pegar em armas na defesa de São Paulo e do Brasil. Pululavam cartazes pela cidade fazendo convocações do tipo: "Eles estão à sua espera para completar o batalhão. Aliste-se"; "Paulistas: às armas!"; "Você tem um dever a cumprir. Consulte a sua consciência". Um cartaz do MMDC difundia um dos bordões do movimento: "Sustente o fogo que a vitória é nossa!" Os três principais instrumentos de propaganda utilizados na guerra paulista foram os jornais, o rádio e os oradores.

Os jornais desenvolveram a campanha mais enfática no sentido de forjar argumentos que levassem o leitor tanto a apoiar politicamente o movimento quanto a aderir voluntariamente à ação bélica. Eles sempre se apresentavam como porta-vozes da vontade popular. No transcorrer da guerra, os jornais paulistas procuraram manter elevado o moral dos soldados, falseando dados e informações a favor do exército constitucionalista. O episódio quiçá mais prosaico foi o que aconteceu no início de agosto de 1932. Os jornais noticiaram, em tom de alarde, que a ação dos constitucionalistas na Frente Sul foi fulminante, divulgando "um número de baixas no exército getulista maior do que o número total de soldados que viriam a morrer até o final da guerra" (Almeida, 1999, p. 119). Contudo, não se pode superestimar o papel da imprensa escrita junto à opinião pública. Em virtude do elevado grau de analfabetismo de que padecia o povo paulista, principalmente no meio negro, sua penetração era limitada.

O rádio foi o meio de comunicação mais eficiente na agitação a favor da causa constitucionalista. Produto do avanço tecnológico, ele foi utilizado pela primeira vez no Brasil como veículo de propaganda política. Exercia verdadeiro magnetismo sobre as camadas populares, pelo fascínio da novidade e pela rapidez com que se transmitiam as notícias, as informações e os inflamados discursos. A Legião Negra chegou a utilizar os microfones de certas emissoras para convocar os "homens de cor" paulistas e brasileiros residentes em São Paulo. O rádio também era o mantenedor do entusiasmo das tropas, assim como representava a voz coletiva do paulista, em geral, e do negro, em particular. Pelas ondas do rádio, divulgavam-se notícias do movimento, veiculavam-se proclamações sensacionalistas, hinos e contos literários que impulsionavam a campanha ideológica pelo recrutamento de voluntários constitucionalistas. A Cadeia de Emissoras Paulistas (Record, Educadora e Cruzeiro) cotidianamente noticiava as pretensas vitórias do movimento e realizava efusivas homenagens, como as feitas em favor da Legião Negra:

A rádio Cruzeiro do Sul irradiou um interessante programa em homenagem aos destemidos soldados da Legião Negra. A Legião Negra de São Paulo continua mandando novos contingentes dos valorosos soldados de cor.

Assim, embarcaram ontem para a Frente Sul uma companhia de guerra, a 1ª do 3º Batalhão "Conselheiro Rebouças" e a 2ª Bateria de Morteiros do Grupo "Victorino Carmillo". (Jornal das Trincheiras – Órgão da Revolução Constitucionalista, São Paulo, 4 set. 1932, p. 4)

As emissoras de rádio também funcionaram como posto de arrecadação de doações. A rede Record, por exemplo, arrecadou incontáveis peças de roupa e agasalho, enviando aproximadamente quinze milhões de cigarros aos combatentes. Por último, é importante ressaltar a atuação dos oradores na estratégia propagandística de mobilização popular. Eles contagiavam as "massas" nos comícios, sempre na perspectiva de cooptá-las para o movimento. Ibrahim Nobre se projetou como "o tribuno popular da Revolução" (Capelato, 1981, p. 38). No meio negro, Vicente Ferreira se destacou como principal liderança:

> *Esteve em nossa redação o professor Vicente Ferreira, que veio se despedir da "Folha da Noite", pois faz parte de uma caravana cívica organizada pela Legião Negra que deverá seguir para o interior do Estado a fim de fazer a arregimentação de homens para servir à causa constitucionalista.*
>
> *[...] O nosso informante tem tomado parte em vários comícios cívicos, tendo orado em vários deles organizados na Praça do Patriarca, na Praça Antônio Prado e na Penha.* (Folha da Noite, São Paulo, 13 ago. 1932, p. 4, 1. ed.)

Vicente Ferreira era carismático e possuía uma retórica considerada "fabulosa". Em seus discursos, apregoava que a participação dos negros no exército constitucionalista fazia parte de seu projeto emancipatório e de construção de uma pátria livre de todas as formas de opressão. Quando os negros se reuniam, escutavam-no atentamente. No próprio ato público, muitos se dispunham a segui-lo para os campos de batalha. Vicente Ferreira acompanhava-os até o local de alistamento, depois ao de embarque e então continuava sua campanha de arregimentação de voluntários na "população de cor". Ele foi eficaz em matéria de agitação e propaganda. Além de atuar nos comícios e nos atos públicos na capital, saía em caravana pelo interior do Estado difundindo os ideais de "liberdade" do movimento.

Mas não eram apenas os ideais de liberdade que moviam os negros a se alistar em algum batalhão de voluntários. Muitos se alistaram porque simplesmente viviam em condições materiais degradantes. No transcurso da guerra, o jornal *Correio de São Paulo* publicou um artigo que desnuda essa situação:

> Os negros são, em geral, gente pobre, que vive à margem das riquezas e dos confortos da civilização. Para eles, na sua humildade anônima, pouco se lhes devia dar que tivéssemos uma Constituição ou sofrêssemos uma ditadura. Em qualquer caso, eles labutam da mesma maneira pela vida, nos seus casebres, sem outras perspectivas além das que se reservam ao nosso proletariado urbano e rural.[4]

Assim, não podemos inferir que a adesão à guerra paulista tinha apenas um sentido ideológico para a "população de cor". Naquele momento, o desemprego assolava milhares de lares e famílias. Esse problema era tão grave que, de acordo com Florentino Carvalho (1932), constituiu a segunda principal causa de adesão do operariado à revolução.[5] O alistamento representou um mecanismo objetivo de sustentação material. Pelo menos de maneira "imediata e paliativa", ele dava a muitos desempregados "o direito a uma série de benesses vindas das frentes assistenciais" (Almeida, 1999, p. 119). Essa situação era mais imperativa para a gama da população negra que encontrava na remuneração oriunda da guerra sua única fonte de renda e, não raramente, de sobrevivência da família. Pelas estimativas de Florestan Fernandes (1978, v. 1, p. 147), uns três quintos dessa população vivia em estado de penúria, "promiscuidade e desamparo social" em São Paulo nas primeiras décadas do pós-Abolição.

Na verdade, o alistamento garantia uma cesta básica, assistência médica e odontológica e um salário para o soldado e sua família. Mesmo assim, não dirimia a situação de escassez que solapava a vida de alguns integrantes dos batalhões de voluntários. Talvez por isso um dos mais devastadores e aparentemente mais generalizados efeitos da guerra sobre "as populações civis nas zonas de batalha era o triste fenômeno do saque" (Hilton, 1982, p. 152). Evidentemente, os saques não eram realizados apenas por soldados negros, porém as condições de vida de um amplo setor desse segmento populacional eram deveras precárias.

O TREINAMENTO E O CAMINHO DO FRONT

Os batalhões de voluntários civis que se apresentavam recebiam treinamento inicial, armamento, equipamento (roupa e munição, por exemplo) e as bandeiras do Brasil e de São Paulo. Após uma cerimônia pública de juramento, eles eram enviados para o campo de guerra. Os soldados da Legião Negra se diferenciavam dos demais constitucionalistas pelo uso de um chapéu de abas largas como uniforme (De Paula, 1998, p. 166). A maioria dos voluntários nunca havia manejado um fuzil na vida. Mesmo assim, o treinamento militar era deficiente. Com duração de dois ou três dias, o treinamento consistia em instruções básicas de armamento, tiro, ataque e defesa, e geralmente era ministrado por algum militar graduado (cabo ou sargento) da Força Pública. O jornal *A Gazeta* noticiou o clima que imperava na Legião Negra na fase de preparação:

> *Ontem visitamos o quartel-general da Legião Negra, na Chácara Carvalho. Impressionou-nos a harmonia, disciplina, alegria reinantes entre os centenas de homens de cor que ali aprendiam a marchar, a manejar os fuzis, atentos à lição que lhes ministravam os instrutores. Na melhor ordem no canto da rua Vitorino Carmilo, à paisana, aprendiam os métodos de defesa nas trincheiras, simulavam combates à arma branca, avançadas de rastros 220 homens. A voz de comando entusiasmava-os. Parecia até que já se julgavam nas linhas de fogo, tal o entusiasmo com que se arrojavam no combate simulado. (A Gazeta, São Paulo, 23 jul. 1932, p. 3)*

Em alguns casos extremos, o aprendizado militar aconteceu empiricamente na linha de fogo, quando a tropa entrava em ação. Convém dizer que os soldados negros normalmente contavam com o apoio da família, que os acompanhava no momento da despedida para a guerra. Primeiro, acontecia o desfile apoteótico pelas ruas da cidade de São Paulo; em seguida, os soldados embarcavam na estação ferroviária, onde mais uma vez eram recebidos fervorosamente por alguns familiares, amigos e namoradas. O jornal *Folha da Noite* era um dos órgãos da imprensa que publicizava a saída das tropas da Legião Negra em direção às áreas da contenda:

> *Desfilou ontem, à noite, pela cidade, a 1ª Bateria do 1º Grupo de Bombardas "Victorino Carmillo", da Legião Negra de São Paulo, que despertou o mais vivo entusiasmo por parte da população, sendo os bravos soldados muito aplaudidos e cobertos de flores, principalmente na rua 15 de novembro, onde inúmeras senhoras e senhoritas aguardavam a passagem da tropa.* ("1ª Bateria do 1º Grupo de Bombardas 'Victorino Carmillo'", São Paulo, 28 ago. 1932, p. 2, 1. ed.)

O periódico *A Gazeta* também registrou um desses momentos de euforia no meio negro paulista:

> *Ontem, às últimas horas do dia, deixou o seu acantonamento da Chácara Carvalho mais um batalhão. Alguns milhares de pessoas, entre palmas e vivas, saudaram os negros que marcharam para a frente, cheios de entusiasmo. À frente deles, em passo militar, conscientes da grandeza da sua missão, seguiam as enfermeiras. Assim tem sido em cada batalhão dos negros. Eles seguem e com eles as mulheres enfermeiras.* (São Paulo, 23 jul. 1932, p. 3)

Por intermédio dessa reportagem, verifica-se que as mulheres negras não foram apenas bibelôs dos homens. Pelo contrário, elas aderiram dinamicamente às forças auxiliares de praticamente todos os batalhões da Legião Negra. As cidades do interior por onde passavam os batalhões constitucionalistas promoviam recepções acaloradas, em que mulheres, jovens e crianças acolhiam os voluntários fardados como verdadeiros heróis. O mesmo não ocorria com a Legião Negra. As pessoas do interior estranhavam a existência de batalhões formados apenas por "homens de cor", por isso a recepção era mais tímida.

Quando os soldados da Legião Negra (os Pérolas Negras) chegavam no front, os familiares logo manifestavam solidariedade. Era comum o envio de cartas para matar a saudade, oferecer a eles apoio moral e incentivá-los a continuar reunindo forças em defesa da causa constitucionalista. O Pérola Negra era motivo de muito orgulho para sua família, seus parentes e todos de seu ciclo de amizade.

A RELIGIOSIDADE E A VISIBILIDADE PÚBLICA

Nas primeiras décadas do século XX, a religiosidade era componente indissociável da vida cotidiana da maioria das pessoas, fossem elas brancas ou negras. Era impensável a realização de qualquer ato popular importante sem a anuência e a participação da Igreja, principalmente a católica (De Paula, 1998, p. 161). O clero apoiou a "guerra santa de São Paulo". O arcebispo metropolitano, por exemplo, assinou manifestos endossando a luta armada. Na Legião Negra, a tradição religiosa do catolicismo popular foi mantida. Periodicamente, eram realizadas missas em sua sede a fim de abençoar a preparação militar e permitir que as pessoas rezassem pelo sucesso de seus soldados na guerra. Celebradas a céu aberto, as cerimônias religiosas eram bem concorridas pelos soldados e por suas famílias. Os jornais da grande imprensa divulgavam-nas:

> *Realiza-se amanhã, às 9 horas, no acantonamento da Legião Negra, na Chácara do Carvalho, uma missa campal por intenção dos soldados ali*

aquartelados, devendo celebrá-la o reverendo padre Dr. Paulo de Tharso Campos, vigário de Santa Cecília. Por nosso intermédio, as famílias dos soldados são convidados a assistir a essa cerimônia. ("Missa campal no acantonamento da Legião Negra", A Gazeta, São Paulo, 23 ago. 1932, p. 3; "Missa na Chácara do Carvalho em prol dos voluntários participantes da Legião Negra", Folha da Noite, São Paulo, 2 ago. 1932, p. 1 e 3 ago. 1932, p. 3; Folha da Noite, São Paulo, 7 set. 1932, p. 3, 2. ed.)

Mantendo a tradição ancestral, os Pérolas Negras prezavam pelos valores místicos. Eles acreditavam que pedindo a ajuda celestial seria possível adquirir proteção para o espírito e, ao mesmo tempo, influenciar positivamente o resultado da guerra. Em várias ocasiões, a benção de algum sacerdote foi requisitada no momento de embarque da tropa.

A Legião Negra foi um dos batalhões de voluntários civis que mereceu o destaque da grande imprensa. Após as primeiras semanas do movimento, os Pérolas Negras passaram a ter visibilidade pública. Quase todos os dias, algum órgão da imprensa noticiava as últimas novidades de sua sede, na Chácara do Carvalho, um antigo casarão situado na Barra Funda, bairro da região oeste de São Paulo. Em agosto, os jornais anunciavam a criação da Banda de Música da Legião Negra, composta de 36 "homens de cor" vestidos de "azul de artilheiro" (Folha da Noite, São Paulo, 28 ago. 1932, p. 2, 1. ed.). "Sob a competente direção do maestro tenente Veríssimo Glória", informava o jornal A Gazeta, "iniciaram-se ontem os preparativos e ensaios da banda de música da Legião Negra, sendo executados belos números de escolhido repertório. Todos os homens de cor com conhecimento de arte musical e que queiram participar dessa organização poderão se apresentar à Secretaria da Legião Negra, à Chácara do Carvalho, sita à alameda Eduardo Prado, 69" (São Paulo, 19 ago. 1932, p. 3). Além dos órgãos da imprensa, essa organização adquiriu o respeito das mais altas autoridades públicas do Estado de São Paulo. No curso da guerra, o jornal A Gazeta alardeou a visita do governador Pedro de Toledo à sede:

O Dr. Pedro de Toledo, governador do Estado, visitou, ontem, às 16 horas, o contingente "Conselheiro Rebouças", da Legião Negra, acantonado na Chácara do Carvalho. Recebido pela oficialidade e demais pessoas que ali se achavam, o chefe de Estado, após os cumprimentos, percorreu todas as dependências do quartel da valorosa organização negra. Na saída, foi o Sr. Pedro de Toledo saudado, em palavras vibrantes, pelo tenente Guaraná de Sant'Anna. O governador do Estado respondeu agradecendo, e salientando o papel da raça negra no movimento que empolga todos os patriotas brasileiros. (São Paulo, 14 ago. 1932, p. 2)

No discurso de visita à sede da Legião Negra, o governador Pedro de Toledo declarou sua satisfação com o surpreendente ativismo da Legião, fazendo questão de enfatizar o quanto a "raça negra" incorporou o espírito patriótico de amor à liberdade, sentimento que teria impulsionado o movimento constitucionalista. Implicitamente, ele sentenciava que as relações raciais entre negros e brancos em São Paulo seriam desprovidas de contradições, sendo assim pautadas pelo clima de integração racial. Na realidade, a elite política paulista ficou atônita com o vigor com que a "gente negra" encampou o movimento constitucionalista. Ela talvez acreditasse que a "população de cor" devesse assumir apenas o papel de coadjuvante no exército constitucionalista e atuar sob a tutela dos brancos: os presumíveis autênticos paulistas.

O VOLUNTÁRIO MENOR E OS ESPORTISTAS

Em todo o Estado de São Paulo, formaram-se os "batalhões infantis". As escolas incentivaram, sobretudo nas comemorações do 7 de setembro de 1932, seus alunos a promover desfiles uniformizados de soldados, enfermeiros e aviadores. Nos bairros populares também se organizaram os batalhões em miniatura. Uma de suas características, como escreve Jeziel De Paula, era o caráter patriótico (1998, p. 139). Ao lado da bandeira paulista, as crianças e os adolescentes (de 13 a

15 anos) normalmente conduziam a bandeira do Brasil e proferiam palavras de ordem que enalteciam a nação.

No meio juvenil negro, a situação não foi diferente. Muitos adolescentes e jovens tentaram se alistar na Legião Negra. Como ainda não haviam alcançado a maioridade exigida, eles omitiam a idade e algumas vezes adulteravam os documentos pessoais. A imprensa dava destaque especial a esses casos, conforme foi possível apurar no jornal *Folha da Noite*:

> São diários os alistamentos de novos voluntários [...]. Meninos de 15 anos fogem das casas de seus pais para se apresentarem à Legião, pedindo para seguir para os campos de batalha. Isso tem determinado um grande trabalho daquela organização no sentido de saber se de fato os pais desses menores dão consentimento para que os jovens soldados realizem seu desejo de lutar pelo ideal dos brasileiros sinceros. Vimos ali menores dessa ordem de quarentena, com suas situações a resolver, pois o comandante Goulart não permite que eles sigam para a frente sem que preencham a condição imposta pelas últimas recomendações do comando geral constitucionalista. (*Folha da Noite*, São Paulo, 13 set. 1932, p. 3, 2. ed.)

Diversos atletas profissionais se alistaram como voluntários. O número deles era tão expressivo que se organizaram em unidade autônoma, o Batalhão Esportivo. Esses atletas eram, em sua maioria, futebolistas. No início da década de 1930, o futebol já era um dos esportes mais populares em São Paulo. Diariamente, os clubes de futebol eram objeto de manchete dos periódicos. Com o irromper da Revolução Constitucionalista, o campeonato paulista foi suspenso, justamente no final de semana de realização do principal clássico do estado, o confronto entre o Palestra Itália e o Corinthians. Os times despertavam fortes emoções nos torcedores. Os jogadores mais conhecidos eram cultuados pela torcida e pelos amantes do esporte, e entre eles se destacava o maior craque do Palestra Itália e da seleção brasileira do momento,

Arthur Friedenreich, um mulato que encantava as multidões. Sua participação na guerra foi acompanhada pelos principais jornais:

> O Capitão Pedro Luz enviou ao Departamento Esportivo o seguinte despacho telegráfico: De Mogi-Mirim – Tenho satisfação em comunicar-vos que foi promovido a segundo tenente o sargento Arthur Friedenreich, pela sua ação brilhante nos últimos combates de Eleuterio, onde com muita dificuldade pode distinguir-se entre os seus companheiros do 1º Batalhão Esportivo, pois todos se batem como verdadeiros guerreiros. ("Friedenreich promovido por atos de bravura!", *A Gazeta*, São Paulo, 13 ago. 1932, p. 1)

Os clubes de futebol se envolveram afirmativamente no esforço de guerra, liberando seus atletas para lutar em defesa da causa paulista. A adesão de Arthur Friedenreich ao movimento constitucionalista foi comemorada pela elite paulista. Seu gesto serviu como incentivo para que outros atletas seguissem o mesmo exemplo. Publicada na primeira página, a reportagem supracitada noticiava o "brilhante" desempenho de Friedenreich nos combates de trincheira e sua promoção ao oficialato. Com efeito, muitos esportistas negros, provavelmente por questão de identidade, preferiram aderir ao recrutamento do batalhão específico de seu grupo étnico, a Legião Negra: "Os esportistas de cor, residentes no bairro do Jardim América, já se alistaram na Legião Negra" ("Mobilização esportiva", *A Gazeta*, São Paulo, 25 jul. 1932, p. 4).

A PARTICIPAÇÃO DAS MULHERES NEGRAS

As mulheres de São Paulo são descritas como uma das principais revelações na mobilização que envolveu o esforço de guerra. O discurso dominante da elite era de enaltecimento das virtudes cívicas das mulheres paulistas, comparando-as com as "esposas dos bandeirantes que instigavam seus maridos à conquista, recusando-se a recebê-los se derrotados" (Bezerra, 1981, p. 35). Contudo, não foram apenas as mulheres brancas, esposas "autênticas" dos antigos bandeirantes, que deram um exemplo de civismo em prol da causa paulista. Conforme noticiava o jornal *A Gazeta*:

> As mulheres de cor dão um belo exemplo de civismo e patriotismo. Lá estão elas, formando os batalhões de enfermeiras. Seguem para a frente e animam, com o seu exemplo, os valentes homens da sua raça. Sem vaidades, naturalmente, com dedicação, cumprem, heroínas devotadas à grande causa, o sagrado dever que é defender São Paulo e o Brasil das garras da ditadura nefasta que o aniquilava. (A Gazeta, São Paulo, 23 jul. 1932, p. 3)

O envolvimento das mulheres no conflito foi intenso e, em alguns casos, decisivo para o avanço ou recuo das tropas constitucionalistas. Sua participação não aconteceu apenas na retaguarda, mas também nos postos avançados. Os memorialistas e a produção historiográfica, entretanto, apenas tendem a registrar a participação das "damas" da alta sociedade e das mulheres da classe média, as quais são tidas invariavelmente como brancas. A pesquisa de Ivete Almeida foge desse diapasão, fazendo alusão à participação de Maria Soldado, "moça que não se contentou em auxiliar a batalha à distância, indo para o front e lá combatendo até a morte" (1999, p. 155). Mas o que a historiadora não revela é que Maria Soldado era uma mulher negra.

Tem-se o propósito de alterar essa representação da história, demonstrando que não havia apenas mulheres brancas de famílias tradicionais ("quatrocentonas") ou de imigrantes enfronhadas no movimento; existiam, da mesma maneira, negras que nele tiveram uma participação efetiva. Não é apagando, mas lançando luz sobre as diferenças, seja de classe, de gênero ou de raça, que se avançará na apreensão do conhecimento histórico. Daí a necessidade de se apontar a origem racial das personagens negras. No Brasil, a ausência do quesito cor é interpretada como sinônimo de brancura (Bento, Carone, 2002).

Estima-se que mais de cinqüenta mil mulheres inscreveram-se como voluntárias para realizar o trabalho de apoio logístico de retaguarda como propagandistas, cozinheiras, coletoras de donativos, costureiras ou enfermeiras. Elas criaram a Casa do Soldado e a Casa da Formiga, postos de assistência social voltados para atender o soldado constitucionalista e seus filhos, respectivamente. Instaladas na capital e em várias cidades do interior, as Casas do Soldado colocavam comida, roupas e atendimento médico à disposição dos combatentes em trânsito, em licença, em convalescença ou desmobilizados. No primeiro mês de guerra, a Casa do Soldado já havia atendido aproximadamente sessenta mil combatentes.

As moças solteiras e viúvas, incluindo as negras, recebiam cursos introdutórios de enfermagem. Depois de aprendidas as noções básicas da atividade, elas se dirigiam aos hospitais de sangue e postos de emergência nas frentes de batalha. Foram criadas linhas de produção industrial exclusivamente femininas para confecção de material bélico leve, como embalagem de munição e acabamento de capacetes (De Paula, 1998, p. 153). Na Legião Negra, muitas mulheres se apresentaram espontaneamente para realizar os serviços inerentes às forças auxiliares de retaguarda. O jornal *A Gazeta* informava:

> Em grupos distintos, as mulheres de cor, na Chácara Carvalho, estão trabalhando ao lado dos seus esposos, filhos e irmãos, atendendo, no que lhes compete, para que nada lhes falte. Aqui um grupo deixava a cozinha carregando os caldeirões cheios de munição de boca. Iam até os pontos sombreados pelas árvores e ali os soldados cobravam o "pagamento". Num canto da chácara, em mesas alinhadas, outras mulheres descascavam batatas, cortavam a carne e o charque. Mais adiante, mocinhas escolhiam o arroz e o feijão, todas cantando alegremente canções interessantes. De quando em quando um sargento aparecia, verificando si tudo estava em ordem porque entre eles, tanto ou mais do que nos outros acantonamentos, a disciplina é rigorosa. (São Paulo, 23 jul. 1932, p. 3)

O engajamento das negras de São Paulo na guerra civil, porém, não se restringia a essas tarefas. A solidariedade ativa da mulher negra na Revolução de 1932 chegou a romper as barreiras de gênero da época. Algumas dessas mulheres acompanharam seus maridos (Leite, Moreira, s.d., p. 16) e, em pelo menos cinco casos, detecta-se a presença de negras como soldados. Segundo Jeziel De Paula (1998, p. 155), havia quatro "mulheres de cor" entre os soldados das duas companhias de fuzileiros da Legião Negra que integravam o destacamento formado para guarnecer a estrada de Capão Bonito–Buri, na Frente Sul. Todavia, o episódio mais sensacional envolveu a participação da já mencionada Maria Soldado: uma mulher negra cujo comportamento vanguardista esteve além de seu tempo. Por sua importância para os anais da história feminista, transcrevo na íntegra uma reportagem publicada no jornal *A Gazeta*:

> *Uma mulher de cor, alistada na Legião Negra, vencendo toda a sorte de obstáculos e as durezas de uma viagem acidentada, uniu-se aos seus irmãos negros em pleno entrincheiramento na frente do Sul, descrevendo a página mais profundamente comovedora, mais profundamente cheia de civismo, mais profundamente brasileira da campanha constitucionalista ao desafiar a morte nos combates encarniçados e mortíferos para o inimigo.*
>
> *Maria da Legião Negra!*
>
> *Mulher abnegada e nobre da sua raça!*
>
> *Ferida no campo da luta a 17 do mês passado, na frente de São José do Guapiara, tornou à cruenta missão em 28 do mesmo mês.*
>
> *Maria da Legião Negra!*
>
> *Heroína de uma raça forte, boa e consciente!*
>
> *Maria da Legião Negra!*
>
> *Vendo-vos, sob o trovejar da artilharia, por entre as chuvas das balas inimigas, de rastro, coleante pelos abrigos do campo de batalha, prover de alimentos os guerreiros da vossa raça, sinto palpitar no vosso peito amigo o mesmo coração repleto de carinho da Mãe Preta que nos embalou quando criancinhas, cantando as cantigas de amor cívico e de brasilidade.*

Maria da Legião Negra!

Defendeis São Paulo, defendeis o Brasil com esse devotamento de quem tem consciência da grandeza da sua terra, do valor dos seus homens, da virtude das suas leis.

Se José do Patrocínio vos visse nessa jornada patriótica, seguramente vos diria: Maria da Legião Negra, "Se Deus vos deu a cor de Othelo, foi para terdes ciúmes do vosso país".

Maria da Legião Negra!

Que a vossa alma frágil de mulher ilumine a covardia dos que sonham com um Brasil escravizado pela ditadura prestes a sucumbir! (São Paulo, 5 set. 1932, p. 3, 1. ed.)[6]

O impressionante caso de Maria Soldado foi objeto de várias reportagens nos jornais paulistas do período. Essa cozinheira da família Penteado Mendonça resolveu abandonar seu "ganha-pão" para ingressar nas fileiras da Legião Negra. Pela bravura demonstrada nas trincheiras pela causa constitucionalista, transformou-se em um dos símbolos da luta pela democratização do país.

O ESFORÇO DE GUERRA

A cidade de São Paulo se transformou durante a guerra. A rotina normal da população foi afetada de diversas maneiras: os hospitais e as fábricas aumentaram sua jornada de trabalho; as escolas tiveram as aulas suspensas; o transporte público foi prejudicado; a iluminação pública elétrica, em fase de implantação, ficou comprometida na periferia, gerando transtorno para a vida de uma parte da população trabalhadora e negra. Algumas medidas de exceção foram tomadas, como a emissão de bônus que ajudariam a reforçar o tesouro estadual.

No período da guerra, a repressão ao movimento operário foi violenta, sempre em nome de uma "paz social" supostamente propícia à defesa dos "ideais mais elevados" da causa paulista. Com a liderança operária encarcerada, não se registraram greves nem protestos populares. Aliás, a classe operária organizada ficou ausente tanto do movimento constitucionalista de 1932 quanto da construção de sua memória. Embora a documentação e os memorialistas pretendam ocultar, a classe operária estava incomodando a classe dominante e não apoiou a guerra. A elite paulista "mobilizou a classe média e concentrou todos os esforços no sentido de reprimir as lutas operárias e suas tentativas de organização" (Capelato, 1981, p. 65), assim como apregoou diuturnamente a colaboração mútua entre as classes e os grupos étnicos para o bem de São Paulo (Bezerra, 1981, p. 16). O clamor ao civismo, ao patriotismo e à defesa da causa sagrada era apresentado de forma altruísta. Essa, por sinal, é uma retórica típica das campanhas ideológicas que pretendem ganhar a consciência das massas.

Não houve, a rigor, batalha travada no espaço urbano da cidade, porém asilos, orfanatos, clubes, associações, conventos, igrejas, bazares e casas de determinadas famílias foram mobilizados pelas redes de apoio logístico. As escolas serviam como abrigo para alguns batalhões. Até a mão-de-obra dos presos da penitenciária do Estado foi explorada no esforço de guerra. Em vinte dias, eles fabricaram 5.723 pares de calçado, 8.582 peças de fardamento e 20.348 colchões e travesseiros (Goulart, 1933, p. 167).

O ASSISTENCIALISMO DURANTE A GUERRA

A campanha assistencialista durante a guerra foi colossal. Muitas foram as ações desenvolvidas com o intuito de arrecadar fundos para a manutenção tanto dos batalhões de voluntários quanto dos órfãos e das viúvas dos combatentes mortos. Até artistas e intelectuais modernistas, como Tarsila do Amaral, Anita Malfatti, Guilherme de Almeida, Mário de Andrade e Menotti Del Picchia, colaboraram com essa cruzada cívica pró-constitucionalista. A imprensa tirou o máximo proveito da carta de Santos Dumont apoiando o movimento.

Por todo o Estado eram apresentados programas de rádio, recitais de poesia, peças de teatro, enfim, um verdadeiro aparato artístico e cultural em prol da democratização do país (De Paula, 1998, p. 147). Os cinemas realizavam sessões cujas rendas eram destinadas ao fundo de guerra. Na Legião Negra, o cinema, que funcionava ao ar livre, tornou-se uma opção de lazer para a comunidade negra, atraindo o público para suas sessões. "Foi inaugurado ontem o cinema ao ar livre, da Legião Negra, [...] tendo comparecido ao ato inúmeras senhoras que mantêm uma seção de confecção de roupas para os combatentes. As solenidades estiveram concorridíssimas, tendo, no decorrer das festividades, feito uso da palavra o capitão Goulart, cel. Landulpho Monteiro e o prof. Vicente Ferreira" ("Legião Negra", *Folha da Manhã*, São Paulo, 19 set. 1932, p. 4; "Inauguração do cinema ao ar livre", *Folha da Noite*, São Paulo, 19 set. 1932, p. 2, 2. ed.).

Era comum a promoção de leilões beneficentes, a realização de campanhas de doação de gêneros alimentícios e a arrecadação de cigarros. No entanto, como faz questão de declarar um ex-combatente da Legião Negra, o então tenente Raul Joviano do Amaral,

> [...] houve discriminação em todos os termos. As senhoras brancas faziam coleta de material para mandar para os fronts. Para as tropas de elite tudo do bom e do melhor. Para a negrada ia o que sobrava. As fábricas mandavam cigarros para as tropas. Os bons ficavam com os brancos. Já, aos negros, só os "mata-peito". A fome, a mesma coisa. Você lá recebia biscoito que precisava uma pedra para arrebentá-lo. (Entrevista de Raul Joviano do Amaral a João Baptista Borges Pereira e Ana Lúcia Valente, s/d, não publicada)

Como já foi assinalado, os negros também realizaram uma respeitável mobilização civil. Na Legião Negra montou-se uma comissão beneficente responsável por recolher donativos mediante festivais, cerimônias públicas e eventos esportivos. Um desses festivais foi noticiado pelo jornal *A Gazeta*:

> No último dia 7, no campo do Éden Liberdade, realizou-se o anunciado festival em benefício da Legião Negra e organizado pelo Grêmio Dramático Luís Gama e que teve o seguinte resultado:
> – Combinado Pretos 3 x Combinado Brancos 1.
> Foi a seguinte a renda obtida neste festival: soma em dinheiro, 150$000; cigarros, 2000. A rica taça conquistada pelo Combinado Preto foi doada à Legião Negra. ("Festival em benefício da Legião Negra", *A Gazeta*, São Paulo, 11 set. 1932, p. 3)[7]

Depois das primeiras semanas em atividade, a Legião Negra recebeu denúncias de que algumas pessoas estavam se passando indevidamente por membros de sua comissão beneficente e desviando as doações realizadas pelos comerciantes da capital. Para evitar esse tipo de problema, o agrupamento resolveu criar um documento de identificação de seus membros: "O comandante da Legião Negra de São Paulo torna público que só poderão tratar de assuntos de donativos para essa organização militar as pessoas que exibirem documentos nesse sentido, bem especificada a natureza do trabalho a que se destina, não podendo mais ninguém falar em nome da referida Legião ("Legião Negra em São Paulo", *A Gazeta*, São Paulo, 16 set. 1932, p. 4, 2. ed.; *Folha da Noite*, São Paulo, 16 set. 1932, p. 1, 2. ed). Até a madrinha da Legião Negra, a "belíssima" Palmyra Calçada, foi utilizada como instrumento da campanha filantrópica. Ela percorria as associações da "gente negra" pelas cidades do Estado e solicitava algum tipo de doação:

> Santos, 14 – Encontra-se nesta cidade, aonde veio em propaganda cívica da Legião Negra, a Sra. D. Palmyra Calçada, madrinha da bandeira daquele esquadrão de voluntários de cor.
> D. Palmyra tomará o encargo de angariar donativos para as famílias dos combatentes, preocupando-se, igualmente, em ajudar a delegação de Santos e organizar um eficiente serviço de assistência às esposas e filhos dos

soldados em armas da Legião Negra. ("Em propaganda da Legião Negra de Santos", *A Gazeta*, São Paulo, 14 ago. 1932, p. 2)

Na sociedade mais global, a principal campanha de arrecadação financeira foi nomeada "Ouro para o bem de São Paulo". Cartazes propalavam bordões do tipo: "Ouro é vitória", "Dae o vosso ouro como nós damos o nosso sangue". Influenciadas por propagandas sedutoras, diversas pessoas, inclusive de famílias negras, doaram objetos de ouro e bens de valor em prol do esforço de guerra. Nesse sentido, uma propaganda era bem ilustrativa: mostrava a imagem de muitas pessoas doando artigos de ouro em um posto de arrecadação; entre elas, um senhor negro. A campanha de doação de alianças de casamento foi a que alcançou maior sucesso. Na capital e no interior, haviam sido arrecadadas 87.120 alianças até 29 de setembro de 1932 (Bezerra, 1981, p. 33). A generosidade do povo também se manifestou na campanha pela aquisição dos "capacetes de aço". Como a fabricação desse equipamento de segurança mobilizou um número significativo de crianças e adolescentes, o "capacete de aço" tornou-se símbolo da participação popular e da bravura paulista.

Segundo Ivete Almeida, os grupos assistenciais eram sempre dirigidos "pelas senhoras da alta sociedade paulista" (Almeida, 1999, p. 149). Entretanto, pode-se supor que não foi isso que aconteceu no grupo que utilizava as acomodações da Frente Negra Brasileira. Ali, todo trabalho filantrópico era dirigido por mulheres negras e voltado para atender exclusivamente os negros desamparados da guerra. O número de famílias que requeriam esse tipo de serviço era considerável. A Legião Negra, por sua vez, organizou um grupo assistencial específico, vinculado ao comando civil da organização. Em entrevista concedida ao jornal *Folha da Noite*, o então comandante José Bento de Assis explica quais eram suas atribuições:

Quais as suas atribuições? O advogado José Bento de Assis responde: "A obra de ordem social e humanitária: a defesa civil dos legionários negros agora e, principalmente, depois da guerra; a assistência social aos que precisem de regime educacional; os socorros às famílias dos legionários quanto à educação e à saúde; a assistência aos nossos inválidos, aos seus órfãos e crianças."

De que meio lançará mão para o desempenho dessa missão extraordinariamente complexa e de elevadíssimo alcance social e filantrópico?

"Entendendo-me com os líderes das diferentes cidades e com as autoridades estaduais e federais, além da preciosíssima colaboração, que invoco, dos líderes da Frente Negra, em geral, dos diretores e presidentes das associações de homens de cor e de todos os cidadãos que, cheios de sadio espírito de brasilidade, nutram desvelos pela elevação da raça negra." (São Paulo, 21 set. 1932, p. 1, 2. ed.)

Portanto, vale salientar que a Legião Negra tinha uma constante preocupação de atender as famílias dos soldados negros carentes, bem como os órfãos, os inválidos e as viúvas da guerra. Esse trabalho precisava ser realizado em conjunto com as "associações dos homens de cor". Como é possível verificar na entrevista de José Bento de Assis, a tarefa central daquele serviço de auxílio era assegurar educação e saúde (atendimento médico e medicamentos) para as famílias dos legionários. Além disso, a Legião Negra esforçava-se para garantir alimentação, roupa e às vezes abrigo, principalmente às famílias dos soldados que moravam no subúrbio. O jornal A *Folha da Noite* registrou a seriedade do trabalho de amparo social desenvolvido por aquele agrupamento:

> Na sala de assistência às famílias dos soldados, examinamos a sua organização. Tudo ali funciona admiravelmente. O homem preto parte para as trincheiras levando a certeza de que à sua família nada faltará. O quartel de onde ele saiu para defender a integridade de sua pátria vela pelo abastecimento de sua família. Àquela hora, as senhoras dos soldados combatentes recebiam mantimento, atendidas gentilmente por um sargento escalado para aquele serviço. (São Paulo, 30 jul. 1932, p. 1, 1. ed.)

O DEPARTAMENTO MÉDICO

As unidades de saúde e assistência instaladas no Estado prestavam socorro médico aos soldados. Montou-se uma sofisticada infra-estrutura na área médica, com hospitais de isolamento e serviços cirúrgicos de campanha. Esses serviços se estendiam pelas zonas norte, sorocabana, paulista, mogiana e frente Botucatu–Ourinhos (Goulart, 1933, p. 163). As formações sanitárias de profilaxia eram constituídas de postos avançados que deveriam prever os surtos epidêmicos e, simultaneamente, evitar as doenças infecto-contagiosas. Como medida preventiva, os soldados constitucionalistas foram vacinados contra o tifo e a varíola. Para complementar, foram preparados hospitais e clínicas obstétricas, tendo em vista o atendimento à família dos combatentes.

Em Campinas, a entidade negra Associação Beneficente São Benedito ofereceu seu hospital às tropas constitucionalistas (*Diário do Povo*, Campinas, 16 jul. 1932 apud De Paula, 1998, p. 166). Na Legião Negra, por seu turno, foi instalada uma unidade do departamento de saúde dirigida pelo capitão Magalhães Lara. Em uma semana, esse departamento teve intensa movimentação. Um dos órgãos da grande imprensa detalhava:

> O movimento geral operado no Corpo de Saúde da Legião Negra durante a semana finda (de 19 a 25 do vigente) foi o seguinte: cirurgia dentária e reeducação física, a cargo do Dr. Edmur Barbosa, massagens feitas 21, curativos 43, extrações 5, consultas 47; pele, sífilis e moléstias venéreas, a cargo do Dr. Modesto Pinotti, consultas 14, receitas 14, curativos 52, ampolas de 914 aplicadas 1, injeções aplicadas 8; serviços externos, a cargo do Dr. Eduardo Jacques da Silveira, receitas 12, consultas 12, fórmulas 20, injeções 2. Assistência e proteção à infância, a cargo do Dr. Joaquim Penino, consultas 67, receitas 67, fórmulas 134, injeções 2; clínica médico-cirúrgica, a cargo do Dr. Jader Lara, consultas 148, fórmulas 336, receitas 148, injeções 46;

serviço de tropas no front, fórmulas remetidas 120, farmácia ambulatória, fórmulas aviadas 632, requisitadas fora 190, curativos feitos 77, exame de voluntários, examinados e considerados aptos 105; enfermaria, existiam 12, baixaram 42, tiveram alta 14, existência atual 13. Resumo: massagens feitas 21, curativos 177, injeções aplicadas 59, receitas 241, consultas 288, extrações 5, visitas a domicílio 12, inspeções a voluntários 105, fórmulas 632, doentes na enfermaria 54. ("Corpo de saúde da Legião Negra", A Gazeta, São Paulo, 27 set. 1932, p. 3, 2. ed.)

GUARANÁ SANTANA

Joaquim Guaraná Santana é uma liderança negra pouco conhecida pela investigação histórica. Era membro da Frente Negra Brasileira, mas, no primeiro trimestre de 1932, foi expulso dessa agremiação e decidiu fundar o Partido Radical Nacionalista (PRN), tendo como propósito assegurar a "união político-social dos descendentes da raça negra do Brasil". O PRN tinha uma orientação ideológica ultranacionalista cuja inspiração era o modelo fascista em voga na Europa. Guaraná Santana dirigiu a publicação de um jornal denominado *Brasil Novo* e, nas páginas desse periódico, declarava ser o maior líder negro do Brasil. Era amigo do então comandante da Segunda Região Militar, o general Góes Monteiro. Com o início da revolução constitucionalista, decidiu fundar a Legião Negra de São Paulo. Como resultado, tanto o Partido Radical Nacional quanto o jornal *Brasil Novo* foram praticamente extintos. No início da guerra, Guaraná Santana procurou arregimentar a "população de cor" de várias formas, inclusive propagando a versão de que aquele novo agrupamento militar era a continuação da Frente Negra Brasileira.

Ele foi o chefe civil da Legião Negra até a segunda quinzena de setembro, sendo substituído pelo advogado negro José Bento de Assis. A mudança de comando não passou despercebida pelo periódico *A Gazeta*: "Comunica-nos o capitão Gustavo Goulart, comandante da Legião Negra, que o Sr. Guaraná Sant'Anna não faz parte daquela agremiação militar, e nem está autorizado a falar em nome da mesma" (*A Gazeta*, São Paulo, 23 set. 1932, p. 2, 2. ed.). Entrementes, a causa da saída de Guaraná Santana não foi publicizada. A principal hipótese é a de que seu afastamento do cargo esteve ligado a um suposto desvio de mantimentos e recursos da organização.

Na avaliação de Florestan Fernandes, Guaraná Santana e seu séquito da Legião Negra esposaram uma visão renovadora da questão racial. Esse setor do emergente movimento negro teria compreendido que a redenção dos descendentes de escravos dependia de sua capacidade de organização política e de sua intervenção nos embates que implicavam a transformação da sociedade brasileira. "Seu impulso processou-se na direção de quebrar o isolamento histórico do 'negro', visando compeli-lo a tomar parte consciente e ativa nos acontecimentos históricos da sociedade global" (Fernandes, 1978, v. 2, p. 88).

O NÚMERO DE LEGIONÁRIOS

As forças constitucionalistas eram constituídas por unidades do exército sediadas em São Paulo, por certas unidades de Mato Grosso, por algumas guarnições federais do Pará, de Minas Gerais e do Paraná, pela Força Pública paulista e por voluntários civis que totalizaram, aproximadamente, quarenta mil brasileiros (De Paula, 1998, p. 172). Essa estimativa se aproxima da realizada por Gastão Goulart: "dez mil homens das guarnições federais, doze mil combatentes da Força Pública e vinte mil voluntários" (1933, p. 172), totalizando, assim, 42 mil pessoas. Do lado do governo federal, foram mobilizados cerca de 120 mil brasileiros do exército, da marinha e das polícias estaduais, além de "provisórios" de vários Estados. Na Legião Negra, o número de componentes foi estimado em dois mil combatentes. "Somente da Chácara do Carvalho", informava a grande imprensa, "já saíram para os campos de batalha mais de dois mil combatentes" (*Folha da Noite*,

São Paulo, 21 set. 1932, p. 1, 2. ed.). Há também outro cálculo, segundo o qual a Legião Negra teria mandado "para as linhas de frente em 1932 cerca de 3.500 homens todos de cor" ("Comunicado de 8 de junho de 1949", Prontuário 102.510, Deops/SP, Aesp).

O contingente de negros diluído em outros batalhões do exército constitucionalista não era desprezível. "Os meus irmãos de raça", dizia-se em matéria veiculada pela *Folha da Noite*, "já estavam prestando o seu concurso às forças constitucionalistas em todos os batalhões que combatem a ditadura. No exército, na Força Pública e em todos os batalhões de voluntários paulistas há gente de cor" (São Paulo, 21 ago. 1932, p. 1, 1. ed.). Nas fotos da guerra é comum identificar a presença desses soldados ocupando diversos cargos na hierarquia militar. Por exemplo, o chefe do Estado-Maior do Exército constitucionalista, coronel Palimércio de Rezende, era negro (De Paula, 1998, p. 86).[8] A grande imprensa até chegou a dar destaque ao "enegrecimento": "No Pelotão 'Sete de Setembro', era considerável o número de soldados negros" (*A Gazeta*, São Paulo, 16 ago. 1932, p. 1).

Pelos cálculos divulgados pela *Folha da Noite*, eram "mais de dez mil os negros" que se achavam "em todos os setores da luta, incluídos os do Exército e os da Força Pública" (*Folha da Noite*, São Paulo, 21 set. 1932, p. 1, 2. ed.). Se essa estimativa for correta, o exército constitucionalista – formado por cerca de "quarenta mil brasileiros" – contava com a participação de no mínimo um quarto de negros (pretos e mulatos).

NEGRO: BUCHA DE CANHÃO?

As operações militares durante a guerra civil variaram de ações de guerrilhas em mata fechada e nas montanhas até grandes batalhas campais e a céu aberto. Muitos analistas entendem que tais operações foram as maiores já transcorridas na América do Sul (De Paula, 1998, p. 172). Pela primeira vez a aviação militar foi utilizada em território brasileiro como arma ofensiva. Chama a atenção um episódio em especial. Em 23 de julho, os "vermelhinhos" (aviões do governo) atingiram a cidade de São Paulo e lançaram bombas sobre o Campo de Marte, centro operacional da aviação constitucionalista. Uma das bombas explodiu nas proximidades do Clube Espéria, repleto de mulheres e crianças (Donato, 1982, p. 144). O medo passou a fazer parte da população civil. Para dar uma noção mais exata da dimensão daquela refrega, alguns especialistas definem a Revolução de 1932 como o maior movimento armado da história do Brasil.

A falta de comando nas tropas paulistas era um problema sério. Alguns oficiais demonstravam total despreparo para o posto que ocupavam. Eram jovens voluntaristas de famílias abastadas que recebiam uniforme e, automaticamente, uma patente de oficial, com a tarefa de comandar um batalhão. Muitos dos acidentes eram escamoteados pelos jornais. Na campanha da Frente Sul, em Itararé, "batalhões paulistas abriram fogo uns contra os outros por falha de comunicação e estratégia do comandante que se apressara" (Almeida, 1999, p. 120). Em Buri, voluntários do batalhão Floriano Peixoto atiraram nos do batalhão Marcílio Dias, causando mortes. O trem blindado – orgulho paulista – metralhou e arrasou uma trincheira amiga (Donato, 1982). Na falta de armamento e munição suficientes para a tropa, alguns memorialistas registraram a invenção de uma matraca, aparelho que emitia um som de metralhadora. No início, essa engenhoca impôs medo ao inimigo, mas em seguida foi ridicularizada.

Há referências aos filhos de políticos e descendentes de famílias ricas que acompanhavam as campanhas militares – em nome da tradição de glória e altivez que teria caracterizado seus supostos ancestrais (Bezerra, 1981, p. 39) – e, quando chegavam à linha de fogo, porém, esquivavam-se de enfrentar o inimigo. Então, usavam do tráfico de influência para receber um tratamento privilegiado dos comandantes. Como resultado, muitos deles permaneciam em áreas de retaguarda, nos quartéis-generais ou nos postos de comando instalados estrategicamente fora do alcance dos projéteis inimigos. "A farsa em relação à participação da grande maioria dos jovens ricos não era segredo para a população em geral" (Almeida, 1999, p. 156).

Segundo um documento que circulou no meio negro, os "capitalistas" desejavam que a "homens de cor" fossem os primeiros a serem mortos. "Os derrotistas andaram espalhando boletins, entre a gente de cor, dizendo que o que os capitalistas desejavam era mandar para a frente os exércitos da Legião Negra para evitar o massacre dos seus filhos" (*Folha da Noite*, São Paulo, 21 ago. 1932, p. 1, 1. ed.). Até mesmo difundiu-se a versão de que uma tropa da Legião Negra teria sido dizimada na Frente Sul (De Paula, 1998, p. 171). Não se sabe, seguramente, se a elite paulista aventou a hipótese de levar avante algum plano de chacina da "população de cor", mas evidências apontam que os batalhões da Legião Negra eram por vezes tratados como bucha de canhão e lançados para assumir a linha de frente dos combates, conforme se pode apreender dos jornais do período:

> *Em todos os setores, onde a luta se fere com intensidade e é preciso o apoio da coragem do soldado constitucionalista, aí estará firme no combate o legionário, levando de vencida os inimigos da lei, opondo-lhes a barreira intransponível com que decerto não contavam a nos atacarem na ânsia de vencer um exército que tem por si a justiça de uma causa.* Em Cunha, Silveiras, Pinheiros, Itapetininga, Capão Bonito, Paranapanema, regiões limítrofes de Minas Gerais, estão esses homens que se tem apresentado voluntariamente para defender São Paulo.
>
> Diariamente partem desta cidade novos contingentes que vão engrossar as fileiras do nosso exército. Para mais de dois mil homens já remeteu para as zonas de guerra a Legião Negra. Todos esses elementos são logo enviados para as linhas de frente, *onde se portam com denodo e grandes rasgos de patriotismo.* (*Folha da Noite*, São Paulo, 13 set. 1932, p. 3, 2. ed., grifo nosso)
>
> *Alguns batalhões de homens de cor rumaram já para a linha de frente e ontem mais um seguiu para a defesa, sob a metralha adversária, do ideal*

pelo qual todos nós batemos. (*A Gazeta*, São Paulo, 23 jul. 1932, p. 3, grifo nosso)

Assim, é plausível sustentar que a Legião Negra recebeu um tratamento diferenciado por parte do alto comando das forças constitucionalistas. Holien Bezerra argumenta que esse agrupamento militar "é bastante elogiado pelos autores, para demonstrar que não há diferença de raça quando se trata do entusiasmo pela 'causa sagrada'. Mas não é muito ressaltado que a Legião Negra é enviada logo para a linha de frente, a sustentar os mais pesados dos combates" (Bezerra, 1981, p. 29). Alguns dos soldados negros foram mobilizados sem treinamento, sem provisões, sem segurança ou mesmo sem armamento adequado. O depoimento de Raul Joviano do Amaral, um ex-combatente da Legião Negra, é elucidativo: "Nós tínhamos fuzis de 1908, que serviam para instrução dos tiros de guerra. Foram todos para nós..." (Entrevista de Raul Joviano do Amaral a João Baptista Borges Pereira e Ana Lúcia Valente, s.d., não publicada).

Por meio de um texto memorialístico, Francisco Affonso de Carvalho (1933) acusa os paulistas de usarem os negros como escudos humanos. Quando os batalhões de bacharéis se afugentavam das escaramuças nas regiões mais perigosas, a Legião Negra era destacada para assumir tal empreitada; assim, preservava-se a vida dos filhos das famílias da elite. Ivete Almeida conta o caso dos rapazes do batalhão 14 de Julho. Apesar de estarem perto da linha de fogo na Frente Sul, só "passaram a participar dos esquemas de ataque logo que puderam passar a contar com o auxílio de um dos batalhões da Legião Negra, que de agosto até o final da guerra combateu lado a lado com os jovens paulistas, protegendo-lhes as preciosas vidas" (Almeida, 1999, p. 126). O capitão Gastão Goulart também narra dois episódios sintomáticos. O primeiro aconteceu na região de Mogi Mirim, quando o exército constitucionalista foi "salvo" a "custo pelos valentes soldados da Legião Negra, mais tarde retirados do setor, por não lhe convir tanta bravura" (Goulart, 1933, p. 217). O segundo episódio ocorreu na região de Cunha. Goulart descreve uma ofensiva bem-sucedida das tropas do Quarto Batalhão de Caçadores que também contou com a proteção de duas companhias da Legião Negra (Goulart, 1933, p. 223).

O DESEMPENHO NO CAMPO DE BATALHA

No decorrer da guerra, um dos fenômenos que despertou a atenção da imprensa foi o patriotismo e a bravura demonstrados pelos soldados da Legião Negra. Eles eram descritos como guerreiros impávidos. Nesse sentido, a entrevista do jornal *A Gazeta* com o capitão Gastão Goulart é ilustrativa:

> Os homens de cor são dos melhores guerreiros do nosso país. Ninguém imagina a sua valentia, a sua capacidade de resistência nas trincheiras. De todos os setores por onde têm seguido chegam telegramas aqui recebidos à noite, que a Companhia da Legião Negra, em operações naquele setor se bateu nobremente. O inimigo fugiu ante a sua investida formidável. Fugiu rumo de Paraty, deixando em campo cinco cadáveres, armas automáticas e fuzis.
>
> Na frente do Paraná, logo no primeiro contato com tropas ditatoriais, impuseram-se os negros à admiração das altas patentes que ali estão. ("Acha-se prompto para partir mais um batalhão da Legião Negra", *A Folha da Noite*, São Paulo, 30 jul. 1932, p. 1, 1. ed.)

Segundo informações fornecidas pelo capitão Gastão Goulart na mesma matéria, "é exemplar o comportamento, em quartel, dos soldados da Legião Negra. Nenhuma indisciplina ali se verificou. Esses aquartelados se portam como homens morigerados, amigos da disciplina, em combate se portam como heróis, pelejando pelo ideal da sua raça que é, ao mesmo tempo, o ideal do seu país". Na opinião do capitão Goulart, o movimento constitucionalista convergia com o ideal da "gente negra", a saber, a luta pela liberdade. Daí a significativa adesão dos "homens de cor" ao movimento. O presumível heroísmo dos Pérolas Negras foi outro elemento quase onipresente nos relatos que traçam o desempenho militar dos soldados, sendo que alguns episódios foram divulgados pela imprensa. Em Cunha, as tropas do governo central investiam contra o exército constitucionalista. O legionário Isaías lutava com destemor, mas foi gravemente ferido. Apesar disso, "a todos os que o rodeavam falava com visível animação, incentivando os demais a que prosseguissem na luta, pois a vitória seria de São Paulo. Morria satisfeito, por ter essa certeza". Outro caso foi o do sargento Geraldo, ferido fatalmente na zona norte. No seu leito de morte, "sentindo que esta se avizinhava, dizia que ninguém perde a esperança da vitória de nossa causa. Invocava aos seus companheiros que prosseguissem na luta, sem desfalecimentos. Sua morte foi revestida da máxima serenidade, o que não deixou de impressionar, no Hospital, aos que a ela assistiam". (*Folha da Noite*, São Paulo, 13 set. 1932, p. 3, 2. ed.). Em entrevista concedida ao jornal *A Folha da Noite*, o oficial Francisco Salgado discorria sobre outros episódios de "denodo, coragem e disciplina":

> *Os homens que se enfileiraram nas hostes da Legião Negra, sem pretensão outra que a de servir a Pátria e por ela derramar o seu sangue, não mentiram, no campo de luta, a bravura histórica de seus ancestrais.*
>
> *A "Gazeta", em visita a um desses bravos – o oficial Francisco Salgado –, teve ontem oportunidade de ouvir o testemunho do valoroso militar sobre a ação destemida dos homens de cor em todos os setores constitucionalistas.*
>
> *Reservista do 11º R. C. I., de Ponta Porã, em cujas fileiras serviu como 3º sargento, o citado oficial, ao apelo dos organizadores da Legião Negra, vestiu a farda de voluntário da lei, seguindo para Guapiara, onde chegou a 29 de julho.*
>
> *Não tardou o batismo de fogo de sua tropa, na Capela da Guapiara, durante o qual os 130 homens de seu comando lutaram com denodo e bravura. Tendo sido cortadas as suas ligações com o batalhão a seu flanco, durante três dias os seus homens estiveram situados, até que, impos-*

tos pela falta de alimento, resolveram travar uma luta desigual com os seus inimigos. Eram 9 da noite e após quatros horas de combate cruento conseguiam entrar em comunicação com as tropas paulistas, das quais se achavam separados 22 Km. Na retirada, que se efetuou normalmente, uma patrulha inimiga de dez homens ficou no campo da luta.

Deixando Guapiara, perseguidos pelos inimigos, chegavam à noite ao seu posto. Na manhã seguinte, depois de aguardarem por toda a noite o fogo inimigo, entraram em segundo contato com os ditatoriais. No dia 17 de agosto travou-se o combate que durou 24 horas e nas quais os homens que compunham a sua coluna, nesse encontro, se portaram como verdadeiros militares. As baixas dos inimigos, nesse combate, foram numerosas, principalmente devido ao fato de se acharem os seus soldados visivelmente embriagados e lutarem em campo raso, enquanto as nossas tropas se aguardavam em posições magníficas.

O Sr. Francisco Salgado, que está convalescendo na Chácara do Carvalho, e toda a Cia. sob o seu comando, dado o denodo, a coragem, disciplina e a extraordinária resistência física de seus homens durante essas longas horas de luta, foram recompensados merecidamente com os seguintes elogios de seus valorosos comandantes.

"Na minha zona", termina o distinto militar, "nenhum batalhão entra em fogo sem a Legião Negra". ("A atuação dos homens negros nos campos de Guapiara", A Gazeta, São Paulo, 8 set. 1932, p. 4)

A presença da Legião Negra no front impunha respeito ao inimigo e, ao mesmo tempo, transmitia a sensação de segurança às demais tropas do exército constitucionalista; talvez por isso o oficial Francisco Salgado termine a entrevista acima assinalando que "nenhum batalhão entra em fogo sem a Legião Negra". A abnegação, a intrepidez, a disciplina, a capacidade de resistência e a determinação em prol de uma causa coletiva teriam sido os valores que nortearam a ação dos negros na hoste constitucionalista. Tais "virtudes" não passaram "em branco" pelos analistas contemporâneos. Conforme atesta Raul Joviano do Amaral, a "negrada foi com uma vontade louca", mesmo "sem armamento, sem fardamento que correspondesse" (Entrevista de Raul Joviano do Amaral a João Baptista Borges Pereira e Ana Lúcia Valente, s.d., não publicada). A Legião Negra expressou o poder de organização militar da "população de cor" em São Paulo. Mesmo nas correlações de forças desfavoráveis, suas tropas teriam se notabilizado por conseguir inverter o quadro, repelindo ou derrotando o inimigo nas escaramuças. "Resistindo ao furor das hostes ditatoriais, muitas vezes enfrentando contingentes numericamente superiores, os bravos pretos não recuam nem se rendem. Tem sido assim o seu proceder em diversos recontros, fatos que têm sido testemunhados com visível admiração pelos demais companheiros que combatem ao seu lado" (*Folha da Noite*, São Paulo, 13 set. 1932, p. 3, 2. ed.).

EM RESUMO

> *Nós atendemos ao teu chamado, São Paulo!*
> *Era natural que assim fosse, pois...*
> *Não está também a nossa cor nas listras da tua bandeira?*
> *Lutamos onde mais acesa era a batalha.*
> *Ombro a ombro com nossos irmãos de crença*
> *na grandeza do Brasil e na dignidade do Homem*
> *que a ditadura vilipendiava.*
> *Como todos os combatentes, oferecemos*
> *nosso sangue por "vin d'honneur".*
> *E desde o princípio secundamos o teu grito de Justiça,*
> *deixando em nossas casas quem ainda trazia as marcas de grilhões.*
> *Nós que conhecemos na pele o significado da Liberdade.*
> *Sem espanto, recebeste o nosso holocausto no altar da Honra*
> *E as tuas bênçãos nos impeliram ao resgate da Mãe Pátria.*
> *Não te esqueças de nós, São Paulo.*
> *Afinal... não está também a nossa cor nas listas da tua Bandeira?* (Autoria desconhecida, Legião Negra, São Paulo, 1932)

Pelos valores preconceituosos propalados pela elite paulista, o papel do negro não era o de soldado-bandeirante, não era o do autêntico paulista, mas simplesmente o de leal auxiliar da terra que o abrigou. "A gratidão, e não a identidade, era o sentimento que dava a tônica para a interpretação da participação dos paulistas negros na Revolução" (Almeida, 1999, p. 105). Entrementes, em virtude da eficiente cooptação ideológica, a população negra incorporou o espírito de paulistanidade e se "convenceu" de que compensava pegar em armas, ir à guerra, morrer por uma causa aparentemente coletiva, mas que, na essência, atendia aos interesses particulares da elite.[9]

Parafraseando Holen Bezerra (1988), verifica-se que as "revoluções", os golpes e contragolpes se sucedem na vida política brasileira. Porém, como essas "revoluções" estão a serviço do projeto da classe dominante, são insignificantes na luta de libertação do povo oprimido (e, por que não dizer, dos negros). São movimentos que atendem aos interesses da elite e, ao mesmo tempo, conseguem "seduzir" importantes segmentos sociais e grupos raciais para seu projeto de dominação.[10] Não se pode negar que o movimento de 1932 foi produto das contradições no seio da classe dominante. Uma fração paulista dessa classe lutou contra a outra que conquistara o poder em 1930. "As divergências eram de natureza política, envolviam interesses econômicos e discordâncias no âmbito da questão social. A classe dominante paulista, adepta do liberalismo, se insurgiu contra o processo de centralização do poder, contra o impedimento da livre circulação de mercadorias, contra a interferência do Estado nas relações entre as classes" (Capelato, 1981, p. 83). Apesar de a Revolução Constitucionalista de 1932 ter sido expressão da disputa entre as facções da classe dominante paulista, de um lado, e os tenentes e Getúlio Vargas, de outro, ela foi assumida pelos negros como se fosse sua própria causa.

A superioridade militar dos governistas era evidente. As forças federais contavam com farta munição e artilharia pesada, contrastando com a precariedade dos meios à disposição dos "revolucionários".

Por falta de armamento e munição, mais de cem mil homens alistados nos batalhões de voluntários do exército constitucionalista permaneceram inativos na reserva. Em 1º de outubro de 1932, representantes da Força Pública paulista reuniram-se com o general Góes Monteiro, no Vale do Paraíba. A Força Pública decidiu render-se, pondo fim às últimas esperanças de resistência.

No final do conflito bélico, o exército constitucionalista contabilizou mil mortos, dos quais 652 eram voluntários. A rendição de São Paulo gerou revolta na opinião pública. Os paulistas não admitiam a humilhante derrota contra a "ditadura" de Getúlio Vargas. Nas ruas, acusavam os comandantes do exército constitucionalista de traidores. Entre os alistados nos batalhões de voluntários, alguns negros também ficaram desolados, mas por razões distintas. Para estes, o fim da guerra acarretou a perda da sua única fonte de renda. Passada a revolução, postos de trabalho eram fechados, o desejo das senhoras da alta sociedade paulista de ajudar os necessitados terminava, "mas a fome e a doença entre as famílias proletárias permaneciam" (Almeida, 1999, p. 161).

As casas de assistência social ainda funcionaram por um período. Progressivamente, entretanto, a preocupação humanitária da elite com os feridos, os inválidos ou mutilados, os órfãos e as viúvas foi substituída pelo discurso de glorificação da suposta vitória moral de São Paulo. A justificativa era "simples": apesar da fragorosa derrota militar, a "raça de gigantes" teria dado o maior exemplo da história da luta pela redenção do país. Essa "lição de heroísmo" devia entrar para a posteridade. Hernâni Donato (1982) afirma que "os derrotados proclamavam-se moral e politicamente vitoriosos" já no ano de 1932. Passou a ser propagada a versão de que, em razão da mobilização militar do povo paulista, Getúlio Vargas, "dono absoluto do país", teria assegurado a realização das eleições, em 1933, e da Constituinte, em 1934. Interpretando os fatos conforme a conveniência, a elite paulista deu os primeiros passos para lançar a névoa mistificadora que se erigiu sobre a memória da Revolução Constitucionalista; afinal, antes da deflagração do movimento armado, Vargas já havia estabelecido um calendário eleitoral e constituinte.

Uma pergunta continuava sem resposta no inflamado discurso pretensamente vencedor da elite paulista: o que fazer com os maiores lesados pela guerra? Nessa categoria, pode-se incluir os pequenos agricultores que, nas cidades do interior, perderam suas casas, criações e plantações; os ex-combatentes dos batalhões de voluntários civis que ficaram inválidos ou mutilados; as mulheres que perderam seus maridos e as mães que tiveram seus filhos mortos ou desaparecidos.[11] O Estado de São Paulo assumiu parte da responsabilidade dos danos da maioria dessas pessoas e resolveu ressarci-las de alguma forma. No entanto, a concessão do benefício não se efetivou de maneira igualitária, levando-se em conta que entre os prejudicados encontravam-se "homens de cor". Moacir de Paula, ex-combatente da Legião Negra, por exemplo, jamais recebeu algum tipo de indenização (Entrevista de Francisco Lucrécio a Regina Pahim Pinto, 6 jul. 1989, não publicada).[12]

A Legião Negra articulou-se com tal grau de racialismo que, dos soldados aos oficiais, das enfermeiras aos médicos, passando pelos voluntários que realizavam as tarefas de retaguarda no quartel-general, enfim, a absoluta maioria de seus componentes eram negros, uma vez que pelo menos o chefe militar, capitão Gastão Goulart, era identificado como branco. Seus combatentes eram tidos como exímios no manejo de metralhadoras, morteiros e lança-minas, conseguindo sustentar com eficácia os ataques de um inimigo numericamente superior e muito mais bem armado e municiado. A briosa atuação da Legião Negra serviu como crédito moral para os negros, na medida em que permitiu que a opinião pública paulista reelaborasse, em certa medida, a imagem negativa que tinha desse segmento populacional (Leite, Moreira, s.d., p. 16).

Depois da revolução constitucionalista de 1932, a Legião Negra de São Paulo foi rebatizada de Legião Negra do Brasil. Ela continuou por alguns anos suas atividades, funcionando como sociedade civil no bojo do movimento social negro, e foi dirigida pelo tenente Arlindo Ribeiro por um período. Em São Paulo, os ex-combatentes passaram a comemorar o 13 de Maio – dia da abolição da escravatura –, exaltando o valoroso papel dos negros, ora na luta pela emancipação racial, ora no engajamento da causa paulista:

> Entre as primeiras manifestações hoje verificadas para a comemoração da data da libertação dos escravos, figura a que foi promovida pela Legião Negra, consistindo em uma visita em massa efetuada ao busto de Luiz Gama, no largo do Arouche. Para esse efeito, os elementos pertencentes à referida entidade da revolução de 32 se reuniram cerca das 9 horas na sede da mesma, a rua 11 de agosto. E, mais ou menos às 11 horas, procedidos de uma banda de música e de numerosa comissão conduzindo as bandeiras brasileira e paulista, os manifestantes chegaram ao Largo do Arouche.
>   Desde logo, ali fez uso da palavra o sr. Mário Leão da Silva, secretário geral da Legião, que explicou o significado da reunião. Depois falou o professor Francisco de Salles [...], que, com o sr. Jorge Mancini, representou a Associação dos Ex-Combatentes. O orador fez uma exaltação da raça negra, apontando o papel pela mesma desenvolvido para o progresso do nosso país [...].
>   A seguir falou um homem que viveu os primeiros anos de sua vida ainda sob o regime da escravidão, o sr. Salvador Luiz de Paula, que nasceu em Santos em 1851. Atualmente é ele o presidente da Sociedade Beneficente Amigos da Pátria, fundada em 1908, e a essa entidade representava na reunião. Com a sua voz sumida, descreveu o que foi a campanha abolicionista, da qual participou, bem como exaltou a figura de Luiz Gonzaga Pinto da Gama, de quem foi amigo pessoal. O orador, que fez o seu discurso dominado por forte emoção, terminou por incitar a raça negra a se unir cada vez mais, na sustentação dos seus direitos.
>   A seguir, falou o poeta de cor Gervásio de Moraes, que, em belo improviso, descreveu todo o drama do cativeiro e exaltou a figura de Luiz Gama, apontando alguns dos episódios marcantes da vida do grande poeta e abo-

licionista. A reunião terminou pouco depois, dirigindo-se os manifestantes para os cemitérios da cidade, em visita aos túmulos do mesmo Luiz Gama, de Antônio Bento, de José Bonifácio, o moço, e também de Siqueira Campos e Fernão Salles, além dos de companheiros mortos na última revolução.

À noite, hoje, haverá nova grande concentração na sede da Legião Negra. Às 20:30 horas se verificará um grande desfile pela cidade, com banda de música e empunhando os participantes bandeiras paulistas e brasileiras. Comparecendo à sede da Associação dos Ex-Combatentes, à rua João Bricola, 15, a esta serão entregues os documentos relativos à adesão da Legião à entidade dos antigos soldados constitucionalistas. Por essa ocasião, falarão oradores pertencentes a ambas as agremiações apontadas. ("A data da abolição da escravatura comemorada nesta capital", Folha da Noite, São Paulo, 13 maio 1935, p. 1 e 4)

NOTAS

1] Entrevista de Francisco Lucrécio a Regina Pahim Pinto. 23 maio 1989 (não publicada).

2] Quatro dias depois, o *Diário de São Paulo* publicou o seguinte comunicado da "delegação" da Frente Negra de Santos: "Relativamente ao movimento constitucionalista que ora empolga o nosso Estado, tendo sido verificado que grande número de sócios e diretores da Frente Negra de Santos já se encontram no 'front', encaminhados ora pelo Partido Democrático, ora pelas diversas corporações aqui existentes, esta sociedade fica destarte impossibilitada de organizar o seu batalhão. Assim sendo, o conselho previne os seus associados que desejem se alistar que procurem as corporações que mais lhe convenham a exemplo dos seus irmãos que já embarcaram" ("A Frente Negra", *Diário de São Paulo*, São Paulo, 20 jul. 1932, p. 2).

3] "Começa hoje o alistamento da Frente Negra Brasileira. Em vista de grande número de pedidos de incorporação às tropas combatentes de seus membros mais prestigiosos, os chefes militares do movimento constitucionalista expediram as necessárias ordens para que hoje começasse o alistamento, sob a chefia do capitão Gastão Goulart. Esse distinto oficial tem encontrado entre os homens de cor de São Paulo o maior entusiasmo. Prevê-se, pois, que o batalhão por eles constituído seja um dos de maior eficiência no combate às forças do ditador" (*Folha da Noite*, São Paulo, 14 jul. 1932, p. 3). Essa matéria, denominada "Batalhão da Frente Negra", comete o equívoco de noticiar o alistamento da Frente Negra Brasileira, pois, como foi assinalado, a agremiação manteve-se isenta no movimento. O jornal, na verdade, fazia referência ao início do recrutamento na Legião Negra, uma cisão da Frente Negra Brasileira.

4] Esse artigo foi republicado no jornal da comunidade negra *Progresso*, sob o título "O passo agigantado de São Paulo e a valiosa cooperação dos negros", em julho de 1932, p. 1. Esse jornal, aliás, registrou o apoio de um setor do movimento negro à guerra paulista. Ver também "Legião Negra" (*Progresso*, São Paulo, ago. 1932, p. 2).

5] Segundo Florentino Carvalho, a primeira motivação que levava ao alistamento – quase compulsório – do operariado ao exército constitucionalista era o medo de perder o emprego. Se o trabalhador fosse liberado pelo empregador e não se alistasse, passava a ser malvisto e corria o risco de perder o emprego.

6] As informações dessa reportagem coincidem com o que Antônio Penteado Mendonça declarou ao *Jornal da Tarde*, em 13 de dezembro de 1998: "a minha cozinheira era a famosa Maria Soldado. Maria Soldado é uma das figuras mais bonitas da Revolução de 32. Era uma negra, que estava cozinhando para minha tia Nicota Pinto Alves. Um dia Maria Soldado desapareceu. Ninguém sabia dela. E eis que ela retorna, vestida de soldado, com uns 20 ou 30 companheiros, índios e negros, e disse: 'Nós vamos ingressar na Legião Negra', e foram todos, inclusive Maria Soldado, lutar com bravura nas trincheiras paulistas. Depois disso, Maria Soldado ficou sendo um símbolo de 32 e está hoje enterrada no Mausoléu da Revolução".

7] "A Aliança Cívica das Brasileiras fará realizar a 15 do corrente um festival em favor da Legião Negra. Nesse festival tomará parte a distinta declamadora, senhorita Elvira do Valle e Silva, diplomada pelo Conservatório" (*Folha da Noite*, São Paulo, 6 set. 1932, p. 4, 1. ed.). "No dia 20 do corrente, às 20 horas e meia, o Clube Dramático e Esportivo 13 de Maio realizará, no Teatro Boa Vista, um festival [...]. O produto líquido da renda desse festival reverterá em benefício da Legião Negra" (*Folha da Noite*, São Paulo, 16 set. 1932, p. 2, 2. ed.).

8] Não há consenso quanto ao cargo que o coronel Palimércio de Rezende ocupava no exército constitucionalista. Para Hernâni Donato (1982), ele apenas chefiou o referido exército no Vale do Paraíba.

9] Essa é a mesma ilação de Capelato: "Os representantes da classe dominante paulista empenharam todos os esforços na articulação do Movimento. Falando em nome de toda sociedade e a todos se dirigindo, mobilizaram grande número de voluntários para a 'causa de São Paulo'. Através do discurso ideológico, seus interesses particulares apareciam como universais, ou seja, como os interesses de todos. Outro não é o papel da ideologia; no discurso ideológico, o dominante reveste-se de generalidade e universalidade procurando anular a realidade das classes e a contradição entre elas. Com isto ocorre a identificação de uma parte da divisão com o todo, imaginariamente indivisível. Dessa forma, as idéias da classe dominante passam a ser aceitas como as únicas verdadeiras e válidas para o conjunto da sociedade" (Capelato, 1981, p. 20).

10] Essa assertiva é corroborada pelo depoimento de Raul Joviano do Amaral: "a Revolução Constitucionalista causou uma emoção muito grande principalmente no povo paulista. Pena que em todas as épocas, em todas as guerras, sempre há um elemento oculto que você só vai descobrir bem depois daquela explosão de entusiasmo. Eu fiz as minhas elucubrações vendo que aquilo não passou de um grande golpe. Mas isso vim ver uns dez, quinze anos depois" (Entrevista concedida a João Baptista Borges Pereira e Ana Lúcia Valente, s.d.).

11] Um dos legionários desaparecidos foi José de Morais. Em abril de 1933, o jornal *A Voz da Raça* publicava em nota: "Procura-se o senhor acima [José de Morais], vindo de Pirassununga, como voluntário da Legião Negra, no movimento constitucionalista. Quem souber de seu paradeiro, é favor informar a Frente Negra Brasileira, para sossego da senhora sua mãe" (*A Voz da Raça*, São Paulo, 8 abr. 1933, p. 2).

12] Na mesma entrevista, Lucrécio declara que "quase todos" que serviram na Legião Negra não receberam a pensão vitalícia concedida pelo Estado de São Paulo aos ex-combatentes de todos os batalhões constitucionalistas.

4 | AÇÕES AFIRMATIVAS PARA NEGROS NO BRASIL: O INÍCIO DE UMA REPARAÇÃO HISTÓRICA*

O intuito deste capítulo é fazer um exame das ações afirmativas em benefício da população negra, tendo como eixo a polêmica em torno da instituição de um programa de cotas raciais, principalmente nas universidades públicas. Em um primeiro momento, argumenta-se que, devido ao quadro de desigualdade racial nas oportunidades educacionais do país, as cotas constituem um eficiente instrumento para garantir maior representação dos negros. Em um segundo momento, a intenção é reunir (e refutar) as principais críticas dos opositores às cotas raciais.

Como resultado da luta empreendida pelo movimento negro há décadas, assiste-se a uma mudança de postura, em vários segmentos da sociedade brasileira, em relação ao tratamento conferido às questões da população negra (Silvério, 2002; Heringer, 2001). A segunda metade dos anos 1990 foi marcada pela introdução do debate sobre a ação afirmativa no país. Já existe uma produção acadêmica não desprezível sobre a temática (Walters, 1997; Skidmore, 1997; Guimarães, 1999a, 1999b, 2002, 2003; Gomes, 2001; Heringer, 2001; Bernardino, 2002; Moehlecke, 2002; Maggie, Fry, 2002; Silvério, 2001, 2002; Munanga, 1996, 2003; Durham, 2003; Telles, 2003), mas o balanço acurado e sistemático dessa produção foge dos propósitos deste capítulo.

---

* Esta é uma versão revisada de artigo publicado originalmente na *Revista Brasileira de Educação* (São Paulo, n. 29, maio/jun./jul./ago., 2005, p. 164-77).

O Brasil é o país da segregação racial não declarada. Todos os indicadores sociais ilustram números carregados com a cor do racismo. Segundo a pesquisa *Mapa da população negra no mercado de trabalho no Brasil* (1999), um homem negro na região metropolitana de São Paulo recebe 50,6% do rendimento médio mensal de um homem não-negro. A situação da mulher negra é mais dramática. Ela recebe 33,6% do rendimento médio mensal de um homem não-negro. A taxa de desemprego na região metropolitana de São Paulo é de 16,1% para os não-negros e 22,7% para os negros.

Em pesquisa realizada para avaliar a qualidade de vida da população negra, Maria Inês Barbosa (1998) constatou que o preconceito racial influencia diretamente a saúde dessa população. Em 1995, a projeção da expectativa de vida do brasileiro, conforme o Instituto Brasileiro de Geografia e Estatística (IBGE), era de 64 anos para os homens e de 70 anos para as mulheres. Em seu trabalho, Maria Inês mostra que, na cidade de São Paulo, os afro-brasileiros não chegam a atingir essa média: 63% dos homens negros e 40% das mulheres negras morrem antes de completar 50 anos. A distribuição populacional no espaço geográfico da cidade de São Paulo é segregada racialmente. Com base nos dados do IBGE, Maria Inês inferiu que em Moema – um dos bairros conceituados da cidade – 7,9% dos moradores são negros; já o Jardim Ângela, conhecido pela violência, tem 53,3% de residentes negros.

A violência tem cor. Uma das manchetes do jornal *Folha de S.Paulo* foi sugestiva: "Negro morre à bala, e branco, do coração" (São Paulo, 17 maio 1998, p. 3.1). Segundo a matéria, os homicídios por arma de fogo são a principal causa de morte entre negros na cidade de São Paulo. Já entre os brancos, a principal causa de morte são os infartos agudos do miocárdio. Dados da ouvidoria das polícias civil e militar do Estado de São Paulo mostram o perfil das vítimas da violência policial no ano de 1999: cor, 54,05% negros; antecedentes criminais, 56,52% não tinham; sexo, 93,22% masculino; faixa etária, 44,12% de 18 a 25 anos.

De acordo com o Instituto de Pesquisa Econômica Aplicada (Ipea), dos 53 milhões de brasileiros que vivem na pobreza, 63% são negros. Dos 22 milhões de brasileiros que vivem abaixo da linha de pobreza, 70% são negros (Henriques, 2001). Na área da educação, a situação do negro não é menos calamitosa. Do total dos universitários, 97% são brancos, 2% são negros e 1% é descendente de orientais (Henriques, 2001). Segundo estudo baseado na Pesquisa Nacional por Amostra de Domicílios (PNAD) de 1999, a taxa de analfabetismo é três vezes maior entre negros. Os jovens brancos, aos 25 anos, têm em média 8,4 anos de estudos; negros da mesma idade têm a média de 6,1 anos. No Itamaraty, existem apenas dez negros entre mil diplomatas. No Congresso Nacional, não passam de 3%. Juízes, médicos, oficiais, engenheiros, professores universitários negros somam um contingente ínfimo, parecem mais personagens de ficção no Brasil. Em cem anos de vida universitária, não chega a 1% o número de professores negros (Carvalho, 2002).[1]

É interessante notar que, embora a maior parte dos dados e das pesquisas deste tópico seja do final da década de 1990, os índices da desigualdade racial não vêm se modificando. Em 2005, o Programa das Nações Unidas para o Desenvolvimento (PNUD) identificou a existência de "dois Brasis": um "branco", que ocupa o 44º lugar no *ranking* mundial de desenvolvimento humano, e um "negro", que deixa o país na 105º posição (2005, p. 58).

AÇÕES AFIRMATIVAS E COTAS PARA NEGROS

Como modificar esse quadro de injustiça e desigualdades? Do ponto de vista conjuntural, a saída que se vislumbra é a defesa de um amplo programa de ações afirmativas. Mas, afinal, o que são ações afirmativas? A expressão *ação afirmativa* foi criada pelo presidente dos Estados Unidos J. F. Kennedy, em 1963, com o significado de "um conjunto de políticas públicas e privadas de caráter compulsório, facultativo ou voluntário, concebidas com vista ao combate à discriminação racial, de gênero e de origem nacional, bem como para corrigir os efeitos presentes da discriminação praticada no passado, tendo por objetivo a concretização do ideal de efetiva igualdade de acesso a bens fundamentais como a educação e o emprego" (Gomes, 2001, p. 40).

No entanto, é mister contextualizar seu surgimento. As ações afirmativas não foram dadas pela elite branca dos Estados Unidos; pelo contrário, elas foram conquistadas pelo Movimento Negro daquele país, após décadas de lutas pelos direitos civis.

Segundo Joaquim Barbosa Gomes (2001, p. 6-7), os objetivos das ações afirmativas são: induzir transformações de ordem cultural, pedagógica e psicológica, visando a tirar do imaginário coletivo a idéia de supremacia racial *versus* subordinação racial e/ou de gênero; coibir a discriminação do presente; eliminar os efeitos persistentes (psicológicos, culturais e comportamentais) da discriminação do passado, que tendem a se perpetuar e que se revelam na discriminação estrutural; implantar a diversidade e ampliar a representatividade dos grupos minoritários nos diversos setores; criar as chamadas personalidades emblemáticas, para servirem de exemplo às gerações mais jovens e mostrar a elas que poderiam investir em educação porque teriam espaço.

Alguns indicadores apontam que as ações afirmativas proporcionam benefícios insofismáveis. Edward Telles (2003, p. 279) demonstra que, em função de tais ações, houve uma diminuição da desigualdade racial nos Estados Unidos (entre 1960 e 1996) e, no Brasil, para o mesmo período, houve um aumento da distância entre negros e brancos (por exemplo, no mercado de trabalho). Após uma pesquisa minuciosa acerca de programas do mesmo gênero, os economistas H. Holzer e D. Newhart concluíram:

a) a ação afirmativa promove uma justiça distributiva ao aumentar o nível de emprego entre mulheres e minorias nas organizações que a utilizam;
b) patrões que utilizam a ação afirmativa recrutam e selecionam com mais cuidado, buscando empregados de modo mais amplo e avaliando-os segundo

mais critérios; c) patrões engajados na ação afirmativa não perdem em nada no grau de execução do trabalho pelos empregados. Se há alguma diferença, ela tende a ser que minorias e mulheres têm uma performance melhor, mesmo em casos em que as credenciais do homem branco eram superiores, pois, ao utilizar uma gama mais ampla de critérios na contratação, outros atributos foram descobertos. ("Assessing affirmative action", *Journal of Economic Literature*, n. 38, 2000 apud Telles, 2003, p. 280)

Entre as políticas de ações afirmativas que vêm sendo experimentadas no Brasil, a mais polêmica é o programa de cotas para negros. Na verdade, as cotas constituem mecanismos extremos de ação afirmativa: é a reserva de um percentual determinado de vagas para um grupo específico da população (negros, mulheres, *gays*, entre outros), principalmente no acesso à universidade, ao mercado de trabalho e à representação política.[2] O Brasil já dispõe de diversas leis fundadas no princípio das ações afirmativas. Tais leis reconhecem o direito à diferença de tratamento legal para grupos que sofreram (e sofrem) discriminação negativa e foram desfavorecidos na sociedade brasileira. As leis listadas abaixo são apenas alguns exemplos:

- O artigo 67 das Disposições Transitórias da Constituição Federal de 1988 estabelece que: "A União concluirá a demarcação das terras indígenas no prazo de cinco anos a partir da promulgação da Constituição".
- A Lei 8.112/1990 prescreve, no artigo 5º, § 2º, cotas de até 20% para os portadores de deficiências no serviço público civil da União.
- A Lei 8.213/1991 fixou, em seu artigo 93, cotas para os portadores de deficiência no setor privado.
- A Lei 8.666/1993 preceitua, no artigo 24, inciso XX, a inexigibilidade de licitação para contratação de associações filantrópicas de portadores de deficiência.
- A Lei 9.504/1997 preconiza, em seu artigo 10, § 2º, cotas para mulheres nas candidaturas partidárias.

Portanto, cumpre ressaltar que, ao contrário do que muitas pessoas pensam, já existe no Brasil uma legislação baseada no princípio das ações afirmativas, beneficiando índios, mulheres e deficientes físicos. Mas, curiosamente, quando foram implementados os primeiros programas de ações afirmativas em benefício da população negra – como foi o caso do programa de cotas raciais na Universidade Estadual do Rio de Janeiro (Uerj) –, houve resistência por parte de vários segmentos.

Em 2001, aconteceu a III Conferência Mundial contra o Racismo, Discriminação Racial, Xenofobia e Intolerância Correlata, em Durban, África do Sul. Nesse evento, foram aprovados uma declaração e um plano de ação, sendo o Brasil um de seus signatários. No plano de ação, a III Conferência Mundial recomendava, entre outras medidas, que os Estados desenvolvessem "ações afirmativas ou medidas de ação positivas, para promoverem o acesso de grupos de indivíduos que são ou podem vir a ser vítimas de discriminação racial" (p. 68).

A III Conferência Mundial, que foi um marco na luta anti-racista em escala internacional, teve reflexo interno. Assim, após muita pressão do movimento negro brasileiro, o governo lançou o Programa Nacional de Direitos Humanos II, em 2002, que foi um conjunto de medidas apresentadas na perspectiva de promover os direitos da população negra, recomendando "adotar, no âmbito da União, e estimular a adoção, pelos estados e municípios, de medidas de caráter compensatório que visem à eliminação da discriminação racial e a promoção da igualdade de oportunidades, tais como: ampliação do acesso dos(as) afro-descendentes às universidades públicas, aos cursos profissionalizantes, às áreas de tecnologia de ponta, aos grupos e empregos públicos, inclusive cargos em comissão, de forma proporcional à sua representação no conjunto da sociedade brasileira" (Programa Nacional de Direitos Humanos, p. 16).

Como conseqüência de tal orientação, alguns ministérios estabeleceram programas de ações afirmativas, dando preferência na contratação de empresas prestadoras de serviços terceirizados que tenham, em seu quadro de funcionários, determinado percentual de trabalhadores negros. Alguns governos estaduais e municipais também instituíram programas do mesmo gênero. O Ministério do Desenvolvimento Agrário e o Incra foram os primeiros órgãos do governo federal a institucionalizar um programa de ações afirmativas, em setembro de 2001, seguidos pelo Ministério da Justiça, que pretende ter 45% de seu quadro de funcionários formado por mulheres, negros e deficientes. Desde 2002, todas as empresas que prestam serviços para esses órgãos têm de reservar 20% de suas vagas para negros. A medida tem impacto não desprezível, uma vez que metade dos servidores públicos é terceirizada. O Ministério da Cultura, em agosto de 2002, instituiu o Programa de Ações Afirmativas, adotando cotas de 20% no preenchimento de funções de direção e assessoramento superior e determinando cláusulas de promoção da igualdade na cooperação técnica ou nos convênios. O Ministério de Comunicação do Governo, em fevereiro de 2003, determinou que todas as campanhas publicitárias da Presidência da República, dos ministérios, das estatais e das autarquias federais têm de respeitar a diversidade racial brasileira.

Na área da educação, o Estado do Rio de Janeiro foi um dos primeiros a estabelecer uma lei de cotas raciais como forma de democratizar o acesso ao ensino superior. No vestibular de 2002/2003, a Uerj e a Uenf (Universidade Estadual do Norte Fluminense) reservaram 40% das vagas para alunos negros. Apesar de polêmico, o sistema de cotas das universidades estaduais do Rio de Janeiro foi implantado por outras instituições públicas de ensino superior – como a Universidade de Brasília (UnB), as Universidades Federais do Paraná, da Bahia, entre outras. Atualmente, esse processo está bem acelerado. De acordo com a Secretaria Especial de Políticas de Promoção da Igualdade Racial, trinta instituições de ensino superior federais ou estaduais já adotam algum sistema de ações afirmativas. Elas representam 19% do total de 162 instituições dessas duas redes (*Folha de S.Paulo*, São Paulo, 23 jul. 2006, p. C5).

ARGUMENTANDO A FAVOR DE COTAS PARA NEGROS

Há uma espécie de consenso nacional de que é preciso adotar dispositivos concretos de combate à elevada desigualdade racial no país, e as cotas são um desses dispositivos. No entanto, os críticos questionam sua adequação e eficácia.[3] Exclamam, prematuramente, que elas estão fadadas ao malogro. Mas como estariam fadadas ao malogro se o país ainda não as experimentou? Doravante, alguns dos principais argumentos utilizados contra o programa de cotas para negros na universidade serão apresentados e, na medida do possível, refutados.

Uma das críticas mais freqüentes é a de que o programa de cotas plagia os norte-americanos com sua política de ações afirmativas. Os Estados Unidos não detêm o monopólio das ações afirmativas (ou políticas compensatórias); programas semelhantes, diz Sabrina Moehlecke (2002, p. 199) "ocorreram em vários países da Europa Ocidental, na Índia, Malásia, Austrália, Canadá, Nigéria, África do Sul, Argentina, Cuba, dentre outros". Em alguns casos, antes de isso ocorrer nos Estados Unidos.

Um ataque comum desferido por um setor da esquerda marxista ao programa de cotas para negros é que tal programa seria uma reivindicação reformista, e não revolucionária. Não há dúvida de que a proposta de cotas tem uma natureza reformista, paliativa, assim como outras reivindicações do movimento social, como a bandeira da reforma agrária, defendida pelo Movimento dos Trabalhadores Rurais Sem-Terra (MST). A reforma agrária, como o próprio nome designa, é reforma, e não revolução agrária. Rigorosamente, ela significa levar o capitalismo ao campo. Historicamente, essa proposta, que tem caráter democrático, foi esposada pela burguesia na França, na Inglaterra e nos Estados Unidos. Daí a pergunta: por que, então, se deve defender a reforma agrária, uma tarefa que estaria no bojo do projeto de revolução burguesa? Porque, no atual contexto histórico do Brasil, a defesa da reforma agrária tem um caráter progressista, que mobiliza as pessoas e coloca em xeque a desigualdade social no país.

A mesma premissa é valida para a luta pela implementação de cotas para negros. Trata-se de uma luta que, apesar de sua natureza reformista, tem caráter democratizante, que educa ou mobiliza politicamente os negros e, sobretudo, coloca em xeque a secular opressão racial deste país. Como escreveu o pensador marxista e líder revolucionário Leon Trotsky, em seu opúsculo *Programa de transição* (1989), é preciso saber combinar as reivindicações específicas e gerais e abraçar um programa mínimo no qual, com a mediação de medidas transitórias, se sinalize para um programa máximo que rompa as estruturas do sistema.

Portanto, essa é a concepção da proposta de cotas. Ela não é um fim em si mesma, mas um meio, uma medida específica transitória que, no Brasil, é progressista, pois, entre outros motivos, tem o poder de proporcionar visibilidade ao povo negro. Por exemplo, no censo oficial realizado pela Universidade de São Paulo (USP), no segundo semestre de 2001, constatou-se que apenas 1,3% dos 38.930 alunos de graduação eram negros (*Jornal da USP*, São Paulo, 24 fev. a 2 mar. 2003, p. 7). Se fosse implantado o programa de cotas do Núcleo de Consciência Negra da USP, esse percentual se elevaria para 25%. Em termos numéricos, dos atuais 506, os estudantes negros subiriam, imediatamente, para 9.733. Esse eventual "enegrecimento" da USP representaria ou não um avanço?

Outra crítica freqüente é a de que o ingresso de negros nas universidades pelo programa de cotas subverte o mérito. Em uma sociedade marcada pelas contradições de classe, gênero e raça, o mérito não passa de um discurso ideológico. Um exemplo. Duas candidatas vão prestar a prova da Fundação Universitária para o Vestibular (Fuvest, instituição organizadora do vestibular da USP) para o curso de medicina. Ambas chegam à segunda fase, mas apenas uma é aprovada. Uma é negra. Moradora da sinistra periferia da zona leste paulistana, com 13 anos já trabalhava para ajudar a mãe. Ela é oriunda de uma família desestruturada, que convive com a violência. Para completar, estudou à noite, em escola pública. A outra é branca, mora no bairro elitizado do Morumbi. Estuda inglês, pratica esportes, tem alimentação saudável, dispõe de computador e todo tipo de benesse material. Estudou nas melhores escolas particulares e ainda fez cursinho pré-vestibular. Coincidentemente, foi a branca que ficou com a vaga do curso de medicina. Ambas eram concorrentes diretas, e a pergunta é: qual das duas tem mais mérito? Em uma sociedade capitalista e racista, as oportunidades não são igualitárias. Portanto, mérito não é um valor absoluto. É evidente que a candidata negra vai precisar de algum dispositivo compensatório para nivelá-la à branca.

Para Telles, o ingresso por meio de uma única prova de admissão, o vestibular, não está baseado no mérito. Passar no vestibular parece estar mais relacionado com as condições do candidato para "pagar cursinhos, geralmente caros, de preparação para o vestibular e em dedicar um ano ou mais inteiramente aos estudos para as provas, do que habilidade em ter êxito na faculdade" (2003, p. 287). Além disso, argumenta o autor, as escolas pagas da classe média branca dão maior chance para seus alunos passarem no vestibular. A meritocracia, conforme descrita na origem do termo, "é utópica, porque busca recompensar indivíduos com base na inteligência ou nas habilidades cognitivas; e isto não ocorre em lugar algum. A admissão à universidade parece, então, ser muito mais uma 'testocracia' do que uma 'meritocracia'. A aprovação no vestibular é, na melhor das hipóteses, um teste de mérito muito questionável" (Telles, 2003, p. 287). Um estudo de três décadas de acompanhamento dos "calouros de Harvard [EUA] mostrou que os estudantes com baixos resultados na prova do SAT (Teste Padrão de Aptidão) e vindos da classe trabalhadora tiveram maior sucesso que seus colegas de classe média, principalmente por terem mais iniciativa" (Telles, 2003, p. 287).

Outra objeção recorrente é que o ingresso de negros pelo sistema de cotas vai implicar o rebaixamento da qualidade de ensino. Não basta ser negro para, automaticamente, ser aprovado nesse novo mecanismo de seleção. É necessário ter qualificação. Em pesquisa realizada pelo Programa de Apoio ao Estudante da Uerj, constatou-se que os alunos que entraram pelo critério de cotas tiveram, no primeiro semestre de estudos de 2003, rendimento acadêmico superior e taxa de evasão menor em relação aos alunos que obtiveram a vaga sem ter direito ao benefício. De acordo com a pesquisa, no campus principal da Uerj – que concentra a maior parte dos cursos –, 47% dos estudantes que entraram sem cotas foram aprovados em todas as disciplinas do primeiro semestre. Entre os estudantes que entraram no vestibular restrito a alunos que se autodeclararam negros, a taxa foi maior: 49%. A comparação inversa também é favorável aos cotistas. A porcentagem de alunos reprovados em todas as disciplinas por nota ou freqüência entre os não-cotistas foi de 14%. Entre os que ingressaram pelo programa de cotas para negros, a porcentagem foi de 7% (*Folha de S.Paulo*, São Paulo, 14 dez. 2003, p. C5).

Além de apresentarem um rendimento acadêmico superior, os cotistas abandonaram menos os cursos. Entre os não-cotistas, a taxa de evasão no primeiro semestre foi de 9%. Essa porcentagem foi de 5% entre os ingressantes pelas cotas para negros. "O acompanhamento dessa primeira turma que entrou na UERJ por cotas mostra que a universidade não teve prejuízo acadêmico com esses estudantes", afirmou o coordenador do estudo e do Programa de Apoio ao Estudante, Cláudio Carvalhares (*Folha de S.Paulo*, São Paulo, 14 dez. 2003, p. C5). Os dados mostram também que, ao menos para a primeira turma de cotistas, o resultado do vestibular não é determinante no desempenho acadêmico. Não houve, assim, o impacto negativo temido pelos críticos do programa.

Além disso, não se pode esquecer que o vestibular é um método duvidoso de aferição do conhecimento. Em uma pesquisa realizada pelo Núcleo de Apoio aos Estudos de Graduação (Naeg) da USP, constatou-se que não há relação mecânica entre a nota do candidato no vestibular e seu rendimento no curso. O aluno que teve uma das melhores notas no vestibular não necessariamente será o aluno com maior grau de aproveitamento do curso no decorrer dos anos. A recíproca também é verdadeira. O candidato que porventura foi aprovado com uma nota baixa no vestibular pode ter um desempenho satisfatório na realização do curso (Domingues, 2002, p. 230).

Também é cabível assinalar que os estudantes oriundos da África e de diversos países da América Latina que ingressam, por exemplo, na USP e em certas universidades públicas federais não são submetidos a nenhum tipo de avaliação por tais instituições. Eles vêm por um sistema de convênio que se estabelece entre as embaixadas. Tais estudantes – que, a rigor, têm uma formação educacional mais defasada que a dos brasileiros –, sintomaticamente, não têm seus níveis de excelência questionados ao término dos cursos. O potencial deles é equiparado ao de qualquer outro estudante não-negro brasileiro. Isso mostra que o discurso de excelência da universidade só serve para balizar o ingresso, e não o produto do processo educacional.

Outro argumento muito utilizado contra a proposta de cotas baseia-se no pressuposto de que a solução para as distorções raciais na educação é a melhoria do ensino fundamental e médio da rede pública. Os defensores do programa de cotas para negros não são contrários à melhoria da rede pública de ensino. Uma proposta não é conflitante com a outra. As cotas são uma alternativa emergencial, provisória, ao passo que a melhoria da rede pública de ensino exige um esforço de médio a longo prazo, com o ciclo de uma geração, no mínimo. Até lá, os negros vão continuar sendo destituídos do sonho de cursar uma universidade pública e de qualidade?

Se tentarem convencer um jovem negro, vestibulando, de que ele tem de esperar a melhoria do sistema educacional brasileiro (daqui a não se sabe quantos anos!) para poder realizar o sonho de ingressar na universidade pública, a reação dele vai ser de indignação. Afinal, ele quer uma solução para o problema hoje, e não deixá-la para amanhã ou perdê-la de vista na linha imaginária do tempo.

Além disso, a melhoria da rede de ensino exige políticas governamentais universais (ou universalistas), e tais políticas não erradicam a desigualdade racial no país. Porém, não é isso o que pensa a maior parte da direita e um setor da esquerda. Ambas as correntes de pensamento entendem que o "problema" do negro será resolvido, simplesmente, com a implementação de políticas públicas universais, ou seja, de programas governamentais que atacariam as causas sociais da desigualdade. Consoante pesquisa realizada pelo Ipea no ano de 2001, todas as políticas públicas universais implantadas pelo governo, desde 1929 até os dias atuais, não conseguiram eliminar a taxa de desigualdade racial no progresso educacional do brasileiro. Os brancos estudam em média 6,6 anos, e os negros, 4,4 anos. Essa distância, de 2,2 anos, é praticamente a mesma do início do século XX. A conclusão é reveladora: apesar de ter acontecido a elevação do nível de escolarização do brasileiro, de 1929 para os dias atuais, a diferença de anos de estudo dos negros em relação aos brancos permanece inalterada. Segundo a mesma pesquisa, os negros precisariam, caso os brancos ficassem parados, de 32 anos para atingir o nível educacional dos estudantes brancos (Henriques, 2001).

Isso significa que programas sociais ou políticas públicas universais, por si sós, não têm eficácia para evitar as desvantagens que os negros levam em relação aos brancos no acesso às oportunidades educacionais. Para corrigir essa deficiência do sistema racial são necessárias também políticas públicas específicas (ou diferencialistas) em benefício da população negra, ou seja, programas sociais que adotem um recorte racial em sua aplicação e sejam denominados de ações afirmativas. Os problemas específicos dos grupos que historicamente sofreram (e sofrem) discriminação negativa (como negros, mulheres, *gays*, entre outros) se resolvem combinando medidas gerais e específicas. Portanto, a discriminação contra o negro deve ser enfrentada, igualmente, com ações anti-racistas. O machismo deve ser enfrentado, também, com ações sexistas; o preconceito contra o gay, com ações anti-homofóbicas.

A combinação oposta também se impõe. Como salienta Antônio Sérgio A. Guimarães:

[Políticas de ações afirmativas] devem estar ancoradas em políticas de universalização e de melhoria do ensino público de primeiro e segundo graus, em políticas de universalização da assistência médica e odontológica, em políticas sanitárias, enfim, numa ampliação da cidadania da população pobre. Não deve haver dúvida, portanto, de que não se podem elaborar políticas de ação afirmativa sem que estas estejam respaldadas por políticas de ampliação dos direitos civis, tal como aconteceu nos Estados Unidos. O que está em questão, portanto, não é uma alternativa simples, diria mesmo simplista, entre políticas de cunho universalista versus políticas de cunho particularista. O que está em jogo é outra coisa: devem as populações negras, no Brasil, satisfazer-se em esperar uma "revolução do alto", ou devem elas reclamar, de imediato e pari passu, medidas mais urgentes, mais rápidas, ainda que limitadas, que facilitem seu ingresso nas universidades públicas e privadas [...]? (1999b, p. 172-3)

O povo brasileiro não é contrário às políticas de ações afirmativas, tampouco na sua versão mais polêmica: um programa de cotas. Quem as rejeita são as classes médias e as elites, inclusive intelectuais (Guimarães, 2002, p. 71) que, assim, tornam-se setores refratários à democratização do acesso à universidade pública. Naquela que foi considerada a mais abrangente pesquisa já realizada sobre o preconceito racial no Brasil, de 1995, o instituto de pesquisa DataFolha – ligado ao jornal *Folha de S.Paulo* – formulou a seguinte pergunta: "Diante da discriminação passada e presente contra os negros, têm pessoas que defendem a idéia de que a única maneira de garantir a igualdade racial é reservar uma parte das vagas nas universidades e dos empregos nas empresas para a população negra, você concorda ou discorda com essa reserva de vagas de estudo e trabalho para os negros?" O resultado foi surpreendente. Os mais pobres (69,5% dos brancos e 80,3% dos negros que recebem até dez salários mínimos) e os menos escolarizados responderam favoráveis a cotas, posição que se inverteu nas camadas mais abastadas e "cultas": apenas 30,5% dos brancos que recebem acima de dez salários mínimos seriam favoráveis a tais políticas (Turra, Venturi, 1995).

O instituto DataFolha promoveu uma nova pesquisa em 2006 e os resultados foram semelhantes aos da anterior. Ao entrevistar 6.264 pessoas acima de 16 anos, constatou-se que 65% apóiam a reserva de um quinto das vagas nas universidades públicas e privadas para negros e descendentes. O jornal *Folha de S.Paulo* então noticiou: "A maioria dos brasileiros é a favor da adoção das cotas para afro-descendentes nas universidades, mas a aprovação diminui à medida que aumenta a renda familiar e a escolaridade do entrevistado" (*Folha de S.Paulo*, São Paulo, 23 jul. 2006, p. C4). Para interpretar os resultados encontrados na pesquisa, o jornal ouviu alguns acadêmicos, como Sérgio Abranches, professor de Ciência Política da Universidade Federal do Rio de Janeiro (UFRJ). Perguntado sobre o que pensava da rejeição maior às cotas raciais entre os mais escolarizados e de maior renda, ele respondeu: "Os filhos da classe média estudam nas universidades públicas de boa qualidade de graça. À medida que um programa de ação afirmativa equaliza as chances de ingresso daqueles que não podem pagar os cursos de preparação mais caros, as posições de monopólio da classe média ficam ameaçadas. É previsível a resistência" (*Folha de S.Paulo*, São Paulo, 23 jul. 2006, p. C4).[4] De fato, as cotas raciais têm o poder de minar o *status quo* racial.

Você é a favor ou contra a reserva de vagas para negros nas universidades?*

	A FAVOR (65%)	CONTRA (25%)
ESCOLARIDADE		
Só com o ensino fundamental	71%	16%
Ensino médio	65%	30%
Ensino superior	42%	55%

(continua...)

* 5% dos entrevistados responderam "Não sei" e 4% responderam "Indiferente".

(...continuação)

RENDA FAMILIAR MENSAL		
Até dois salários mínimos	70%	17%
De dois a cinco salários mínimos	67%	28%
De cinco a dez salários mínimos	52%	42%
Mais de dez salários mínimos	39%	57%
COR DECLARADA		
Branca	62%	31%
Parda	67%	22%
Preta	69%	22%
Indígena	77%	16%
Amarela	66%	27%

Fonte: *Folha de S.Paulo*, São Paulo, 23 jul. 2006, p. C4.

Os detratores, outrossim, alegam que um eventual programa de cotas vai acentuar o racismo no ambiente universitário, no cotidiano dos estudantes. Ora, o que pode acontecer é cair a máscara do racismo na sociedade brasileira, o que, por sinal, já está acontecendo. O racismo é uma arma ideológica de dominação que existe na sociedade brasileira sem a existência das cotas para negros. Trata-se de um racismo dissimulado, mascarado, velado, porém extremamente eficiente. Por exemplo, o progresso educacional do negro brasileiro é inferior ao do negro sul-africano da época do *apartheid* e ao dos negros dos Estados Unidos da América da época da segregação racial. Nesses países, havia maior número de médicos, engenheiros e advogados negros do que aqui (*Cadernos pelas reparações*, 1993).

Portanto, o racismo à brasileira já é perverso; porém, se o programa de cotas contribuir para que o conflito nas relações raciais fique declarado, pode ser o primeiro passo para sua superação definitiva. Uma comparação singela é válida para entender esse processo. Um médico só consegue prescrever um medicamento correto se o paciente explicita os sintomas da doença. Caso o paciente dissimule seus problemas de saúde, dificilmente o médico terá condições de traçar um diagnóstico preciso e, por conseguinte, prescrever um medicamento eficaz para eliminar a doença. Assim, só é possível vislumbrar a superação definitiva para qualquer problema, inclusive o racial, quando este efetivamente vem à baila.

Os refratários também argumentam que não é possível implantar um programa de cotas porque no Brasil não dá para definir quem é negro, uma vez que todo brasileiro seria mestiço. No entanto, como explica Kabenguele Munanga, "confundir o fato biológico da mestiçagem brasileira (a miscigenação) e o fato transcultural dos povos envolvidos nessa miscigenação com o processo de identificação e de identidade cuja essência é fundamentalmente político-ideológica é cometer um erro epistemológico notável" (1999, p. 108). O discurso da mestiçagem – tal como é propalado no Brasil – é perigoso. Em uma perspectiva biológica, o mestiço existe em qualquer lugar do mundo; afinal, não existe raça pura. Mestiço não é uma categoria genuinamente brasileira. Até na Alemanha ou nos Estados Unidos existe certa dosagem de mestiçagem, ou seja, de mistura racial. "A alegação segundo a qual não houve cruzamento entre as chamadas raças [negra e branca] nos Estados Unidos é uma ignorância, ou melhor, uma malícia dos defensores da miscigenação brasileira" (Munanga, 1999, p. 93). E, como questiona Guimarães,

> Classificamos ou não as pessoas por sua cor? Consideramos ou não algumas pessoas "brancas" e outras pessoas "negras"? Discriminamos ou não discriminamos as pessoas em termos de cor? Tudo se passa, nessa versão romântica do anti-racismo, como se se quisesse negar uma realidade na qual, no íntimo, acredita-se: declara-se que as raças não existem, mas usa-se a classificação de "negros" e "brancos" dos Estados Unidos, como se esta fosse uma classificação racial verdadeira, como se os brancos americanos

não fossem, eles próprios, também mestiços; como se eles fossem puros, "cem por cento" brancos. Apenas nossos brancos é que seriam mestiços [...].
(1999, p. 168-169)

Carl Degler (1976) levantou a hipótese de que a construção ideológica da figura do mulato (mestiço, pardo, moreno ou termo que o valha), no Brasil, serviu para amortecer o choque racial. Como os negros constituíam, desde o período colonial, a maioria da população, e os brancos uma minoria, fabricou-se uma categoria intermediária, o mulato, que servia como válvula de escape para a tensão racial. Essa saída teria sido providencial: um ser híbrido, que nunca define se é negro ou branco. O discurso ideológico da mestiçagem se popularizou, de modo que a população brasileira – ao contrário da norte-americana, por exemplo – geralmente não se assume racialmente.

Entende-se, pois, que o programa de cotas vem atacar essa "esquizofrenia" de nosso sistema racial, na medida em que obriga as pessoas a assumir se são negras ou não-negras. E as supostas fraudes? No vestibular piloto da Uerj, aumentou minimamente o número de pessoas que se autodeclararam negras em relação ao ano anterior. E os casos de pessoas que são aparentemente claras e se inscreveram pelo sistema de cotas? Esses casos foram exceções. Ainda assim, não parecem constituir fraudes, haja visto que os critérios para definir quem é negro não são os marcadores biológicos ou simplesmente a cor de pele. A genética já provou que raça não existe. O critério é, pois, político e ideológico. Negro é quem se assume, quem se identifica como tal; no limite, é todo aquele que abraça a luta anti-racista.

Ao contrário do que o então candidato à presidência Luís Inácio Lula da Silva (Partido dos Trabalhadores) declarou no último debate antes das eleições, não existe método científico capaz de determinar quem é negro no Brasil. Aliás, em nenhum lugar do mundo. Nos Estados Unidos, na Alemanha ou em qualquer outro país, o critério para identificar quem é negro, em última instância, também é arbitrário, ou seja, são critérios políticos e ideológicos, mas jamais biológicos ou genéticos.

Por último, vale lembrar que estabelecer cotas para negros é constitucional. A Constituição brasileira, no artigo 5º – que trata dos direitos fundamentais –, discorre sobre o sentido de igualdade em dois momentos: a igualdade formal perante a lei e a igualdade substantiva. No relatório da Comissão Teotônio Vilela e do Núcleo de Estudos da Violência, de 1993, essa questão é analisada da seguinte maneira:

> *Ao se falar em igualdade na constituição, está se dizendo duas coisas ao mesmo tempo: por um lado, impede-se o tratamento desigual e por outro impõe-se ao Estado uma ação positiva no sentido de criar condições de igualdade, o que necessariamente impõe um tratamento desigual dos indivíduos. [...] Neste sentido não é ilegal discriminar positivamente com o objetivo de criar melhores condições para um determinado grupo, tradicionalmente desprivilegiado dentro da sociedade.* (Os direitos humanos no Brasil, 1993)

Porém, Moehlecke (2002, p. 213) adverte que, apesar de a "discussão normativa acerca da validade das ações afirmativas encontrar sustentação legal em algumas interpretações", essa ainda é, até o momento, "uma área em disputa".

EM RESUMO

Ainda que preliminares, os resultados das primeiras experiências de programas de ações afirmativas nas universidades começam a ser divulgados. No primeiro vestibular com o sistema de cotas na Universidade Federal da Bahia (UFBA), em 2005, o balanço foi considerado auspicioso. A instituição reservou 45% das 4.017 vagas a alunos egressos da rede pública. Entre as vagas destinadas às cotas, 85% delas foram para afro-descendentes e 2% para índios, o que corresponde à proporção dessas populações no Estado. Em 37 dos 61 cursos de graduação oferecidos no vestibular daquele ano, a maior nota foi obtida por pessoas inscritas por meio da reserva de vagas. Entre esses 37, oito são pessoas que se declararam afro-descendentes, inclusive o primeiro colocado no curso de direito, um dos mais concorridos (*Folha de S.Paulo*, São Paulo, 12 mar. 2005, p. C6). Segundo o reitor da UFBA, Naomar Monteiro de Almeida Filho, mesmo os alunos que se inscreveram por meio das cotas poderiam ter entrado na universidade com as notas que obtiveram no vestibular. "86% dos aprovados no último vestibular tinham nota suficiente. Apenas 14% precisaram das cotas, mostrando que a reserva de vagas não reduz a qualidade", afirmou. Para ele, o fato de haver cotas incentiva os alunos negros e carentes a prestarem o vestibular, principalmente em cursos concorridos (*Folha de S.Paulo*, São Paulo, 12 mar. 2005, p. C6).

As políticas que estabelecem cotas raciais devem respeitar o percentual de negros na composição populacional dos diversos Estados da nação. Elas têm sempre de ser proporcionais, em consonância com a realidade local. Por exemplo, a cota para São Paulo deve ser menor do que para a Bahia, o Estado com maior concentração de população negra do país. Desse modo, o corpo discente da universidade vai representar mais fielmente a composição racial do Estado no qual estiver inserido.

No Brasil, há uma tradição de pensar que os programas sociais beneficiam, de maneira igualitária, todas as pessoas, independente da cor da pele, mas as pesquisas mostram que isso é um engodo. Políticas públicas de cunho social, isoladamente, não atacam o racismo. Pelo contrário, contribuem para reproduzir a separação existente entre negros e brancos na estrutura de classes. Os negros, diz Telles (2003, p. 306), são "desproporcionalmente ignorados por tais políticas".

Com a política de ações afirmativas, é a primeira vez que o Estado brasileiro implementa políticas públicas a favor da população negra, pois, em toda a história do Brasil, essa população sempre foi alvo de políticas que a desfavoreciam. O que dizer de quase trezentos anos de escravidão? Quem foram os beneficiados? O que dizer da política imigrantista, do final do século XIX e início do século XX? Será que os beneficiados de tal política foram os ex-escravos e seus descendentes? São necessárias ações efetivas para se enfrentar o problema da exclusão do negro no Brasil, mais do que "boas intenções", retórica política e debates acadêmicos.

A implementação dos primeiros programas de ações afirmativas, entre os quais a política de cotas, decreta o fim do mito da democracia racial, ou seja, do mito da ausência de preconceitos ou discriminações raciais no Brasil. A vigência desses programas, por si só, é a prova cabal de que existe tanto racismo quanto um problema específico do negro no país, pois, caso contrário, não haveria a necessidade de medidas reparatórias para esse segmento populacional. As bases ideológicas de sustentação do mito da democracia racial, portanto, estão sendo implodidas.[5]

Por outro lado, os primeiros programas de cotas para negros em algumas universidades públicas servem como estopim para desencadear, ainda que tardiamente, o debate, no seio da sociedade brasileira, de como o Estado deve reparar as injustiças e as atrocidades causadas no passado à população negra e, principalmente, de como se deve eliminar o problema do racismo antinegro no presente.

Em razão do exposto, convém salientar que este é um momento singular na história do país, em que amplos setores da sociedade civil não só se conscientizam cada vez mais do "problema do negro", como se debruçam em suas possíveis soluções. Pela primeira vez, acena-se romper de maneira definitiva com a barreira do silêncio que paira sobre o racismo. Felizmente, as alternativas para a superação desse mal entraram na pauta da agenda nacional. Evidentemente, as cotas não são a panacéia para todos os problemas advindos da desigualdade racial, mas são o início. Entre escolher um programa de cotas ou nada, seguramente um programa de cotas é melhor. Daí a responsabilidade de todos que ainda são contrários a essa medida compensatória. Opor-se às cotas e não apresentar nada de alternativo para enfrentar a desigualdade de oportunidades entre negros e brancos no campo educacional é fazer o jogo dos "donos do poder" que se, de um lado, decretaram a abolição da escravatura no país, de outro, empreenderam (e empreendem) uma política de subordinação social e racismo.

NOTAS

1] A despeito de a maior parte das pesquisas e dos dados deste tópico ser do final da década de 1990, os índices da desigualdade racial não vêm se modificando. O Programa das Nações Unidas para o Desenvolvimento (PNUD) identificou a existência de "dois Brasis" em 2005: um "branco", que ocupa o 44º lugar no *ranking* mundial de desenvolvimento humano, e um "negro", que deixa o país na 105º posição (2005, p. 58).

2] Moehlecke menciona que nos Estados Unidos, além do sistema de reserva de vagas (cotas), existem outros formatos para a ação afirmativa. "Existem ainda as taxas e metas, que seriam basicamente um parâmetro estabelecido para a mensuração de progressos obtidos em relação aos objetivos propostos, e os cronogramas, pensados enquanto etapas a serem observadas num planejamento a médio prazo" (2002, p. 199).

3] Entre os principais setores que se opõem às ações afirmativas (ou aos programas de cotas para negros) no Brasil, encontram-se a imprensa e os intelectuais, como Roberto DaMatta (1997), Peter Fry e Yvonne Maggie (2002) e Eunice Durham (2003).

4] A posição favorável às cotas para negros por parte da opinião pública já havia sido confirmada por outro instituto de pesquisa. Em 2003, a Fundação Perseu Abramo realizou pesquisa nacional e a maioria dos entrevistados (59%) declarou aprovar as cotas raciais como sistema de ingresso na universidade (*Diário de São Paulo*, São Paulo, 29 nov. 2003).

5] Do ponto de vista político, acadêmico e legislativo, o mito da democracia racial vem sendo questionado há décadas no Brasil. Nas primeiras décadas do século XX, a imprensa negra paulista já denunciava a existência de preconceito e discriminação raciais. Na década de 1950, intelectuais como Florestan Fernandes, Roger Bastide, Octávio Ianni e Fernando Henrique Cardoso revelaram a existência de um racismo antinegro por intermédio de pesquisas científicas. Em 1951 foi aprovada a Lei 1.390, conhecida como Lei Afonso Arinos, a partir da qual a discriminação racial foi considerada crime de contravenção penal. Em 1988, um século após a abolição da escravatura, foi promulgada uma nova lei (conhecida como Lei CAO), que aperfeiçoou a anterior e passou a definir o racismo como crime inafiançável e imprescritível. Mas, apesar da existência de legislação antidiscriminatória, de pesquisas científicas e de denúncias do Movimento Negro, o mito de que não havia problema racial no país permaneceu vivo, mormente no discurso do "senso comum". Assim, sugere-se que é só na atual conjuntura que o mito, efetivamente, está estiolando.

CONCLUSÃO
A NOVA ABOLIÇÃO

Com a abolição da escravatura, em 1888, e a instalação da República, em 1889, novos atores entraram em cena na vida pública do país: os "homens de cor", que se mobilizaram em diversos agrupamentos, associações e clubes específicos. Dialogando entre si, com outros segmentos sociais e com o Estado, eles procuraram lutar pela conquista dos direitos civis, sociais e políticos. Direito ao trabalho, à educação, à saúde, à cultura e ao lazer. Com um discurso racializado, defendiam sempre os interesses da população negra. Quando o que estava em jogo dizia respeito à sua vida, os "homens de cor", como eram denominados, não ficaram satisfeitos em ser apenas atores coadjuvantes, mas encamparam diversos embates para se afirmar como os protagonistas centrais da história.

A leitura dos jornais da imprensa negra permite tomar contato com os problemas que acometiam as "pessoas de cor" no pós-Abolição, bem como revela seu cotidiano, suas aspirações e suas opiniões sobre questões políticas, sociais, culturais e morais. Foram esses jornais que fizeram as primeiras denúncias públicas do "preconceito de cor" que grassava em várias cidades no início da República. O mais interessante é que muitas dessas denúncias ocorreram numa época em que o consenso geral era de que o negro não tinha problemas e que o Brasil era desprovido de preconceito ou discriminação raciais.

A Frente Negra Brasileira (FNB) foi fundada em São Paulo no dia 16 de setembro de 1931. Com sucursais em dezenas de cidades, aglutinou milhares de descendentes de africanos em torno de seu projeto anti-racista. A FNB foi a mais importante entidade do gênero no pós-Abolição, e sua trajetória sacramenta a entrada do movimento negro organizado no cenário político-institucional do país.

Em 9 de julho de 1932, foi deflagrada a Revolução Constitucionalista, um conflito armado que envolveu o Estado de São Paulo e o governo central. A FNB manteve uma posição de neutralidade no conflito. No entanto, um grupo de frentenegrinos decidiu romper com a entidade e, sob a liderança de Guaraná Santana, fundou a Legião Negra, um batalhão formado por "homens de cor" que cerrou fileiras para defender São Paulo. Já o Teatro Experimental do Negro (TEN) foi um agrupamento que surgiu no Rio de Janeiro em 1944. De caráter vanguardista e informal, o TEN promoveu certo agito na cena cultural carioca na década de 1940 e parte da de 1950, além de ter conseguido sensibilizar uma parte da opinião pública para discutir a questão racial. Na medida em que valorizavam o negro e sua caminhada pela elevação política, social e cultural, os jornais da "classe dos homens de cor", a FNB e o TEN contribuíram para que esse segmento populacional adquirisse consciência racial e passasse a travar uma incessante batalha pelos seus direitos de cidadão.

Na edição de 13 de maio de 1924, o jornal *O Clarim da Alvorada* propalava uma espécie de palavra de ordem: "A nova Abolição". Nesse período, era comum o jornal trazer uma determinada ilustração: a imagem de um negro robusto gritando, com as mãos estendidas (ou levantadas) e as correntes que o aprisionava partidas. Do ponto de vista simbólico, tal gesto significava um basta à opressão. Décadas após a abolição da escravatura, muitos negros e negras ficaram desalentados e, em última instância, frustrados. Suas reivindicações não eram atendidas. A tão desejada inclusão social não chegara. Assim, com aquela ilustração, o jornal *O Clarim da Alvorada* queria mostrar a seus leitores que era necessário pelejar por uma "nova Abolição", ou seja, por uma transformação radical capaz de assegurar a igualdade de direitos e oportunidades para negros e brancos na sociedade brasileira. Cabe lembrar que "nova Abolição" é um lema que, apesar de ter sido elaborado na década de 1920, não está totalmente obsoleto.

Os afro-descendentes ainda se encontram em posição de desvantagem em relação às pessoas brancas no Brasil. Estas reservam para si quase todas as posições de prestígio e poder na sociedade. Isso se reflete em indicadores como mortalidade infantil, expectativa de vida, escolaridade, emprego e salário. Esse quadro de desigualdade está tão enraizado que não deve ser explicado exclusivamente em termos de herança da escravidão, nem somente como um epifenômeno da extrema concentração de renda. Se não, como seria justificado, por exemplo, o fato de o branco ganhar normalmente mais do que o negro, ainda que ambos tenham o mesmo nível de escolaridade e a mesma qualificação profissional?

Graças à renitente atuação política do movimento negro e à divulgação de importantes pesquisas sobre a questão racial, observamos uma mudança, quer da sociedade civil quer do Estado, no que tange ao tratamento da temática. Talvez a maior expressão disso sejam a discussão e a implementação de políticas compensatórias – ou, como também são conhecidas, ações afirmativas –, em especial a instituição de sistemas de cotas para negros em várias universidades públicas.

Para uma sociedade que até pouco tempo atrás se vangloriava de ter ficado isenta da "linha de cor", a instituição de ações afirmativas – mesmo que reduzida por vezes a uma de suas modalidades, a política de cotas – representa um avanço no reconhecimento do problema do racismo e da necessidade de adoção de medidas concretas para superá-lo. Mas não podemos ter ilusões. Tais ações precisam ser aperfeiçoadas e complementadas por outras políticas públicas redistributivas.

Não foi nossa intenção produzir verdades definitivas acerca das relações raciais e da história do negro no Brasil, mas trazer uma contribuição para o entendimento de uma questão complexa e multifacetada. Nosso propósito também foi o de examinar as ações afirmativas. Tidas como uma das alternativas viáveis para promover as reparações, elas podem acenar para a construção de uma sociedade mais justa e igualitária, em que os negros não precisem procrastinar seus sonhos e suas esperanças de uma vida melhor. A democracia no maior país da América Latina continuará sendo discurso retórico enquanto seus dirigentes não assumirem uma efetiva preocupação de atacar a discriminação e as desigualdades raciais.

A história coletiva de determinado grupo racial imputa um sentido de identidade que o faz ser ele mesmo e não outro, daí a importância de se reconstruir a trajetória específica do negro e de sua luta em prol da emancipação no período republicano. Essa trajetória não pode ser confundida ou diluída na produção da "incolor" pesquisa histórica. Este livro ficou passível de deficiências, porém acreditamos que – pelo "simples" fato de romper com o relativo silêncio que paira sobre alguns episódios da história do negro no Brasil – ele significa mais um passo no arenoso caminho de construção de um conhecimento histórico plural, que incorpore de forma simétrica todos os segmentos que compõem a diversidade racial deste país

REFERÊNCIAS BIBLIOGRÁFICAS

III CONFERÊNCIA Mundial contra o Racismo, Discriminação Racial, Xenofobia e Intolerância Correlata. *Declaração de Durban e plano de ação*. Brasília: Fundação Cultural Palmares/Ministério da Cultura, 2001.

"ALGUNS INSTANTES de palestra com o 'Rei do Congo'". *Folha da Noite*, São Paulo, 14 maio 1938, p. 3.

ALMEIDA, Ivete Batista da Silva. *O olhar de quem faz: o paulistano sob a ótica do operariado paulista durante a revolução constitucionalista de 1932*. 1999. Dissertação (Mestrado em História do Brasil) – Faculdade de Filosofia, Letras e Ciências Humanas, Universidade de São Paulo, São Paulo.

ANDREWS, George Reid. *Negros e brancos em São Paulo (1888-1988)*. Bauru: Edusc, 1998.

_____. "O protesto político negro em São Paulo (1888-1988)". *Estudos Afro-Asiáticos*, Rio de Janeiro, n. 21, p. 27-48, dez., 1991.

APPIAH, Kwame Anthony. *Na casa de meu pai: a África na filosofia da cultura*. Rio de Janeiro: Contraponto, 1997.

AZEVEDO, Célia Maria Marinho de. *Onda negra, medo branco: o negro no imaginário das elites – século XIX*. Rio de Janeiro: Paz e Terra, 1987.

AZEVEDO, Thales de. *As elites de cor numa cidade brasileira: um estudo de ascensão social e classes sociais e grupos de prestígio*. Salvador: EDUFBA/EGBA, 1996.

BACELAR, Jeferson. "A Frente Negra Brasileira na Bahia". Salvador, *Afro-Ásia*, n. 17, p. 73-85, 1996.

BARBOSA, Márcio (entrevistador.). *Frente Negra Brasileira: depoimentos*. São Paulo: Quilombhoje. 1998.

BARBOSA, Maria Inês. Racismo. *Jornal da USP*, São Paulo, 5 a 11 out. 1998, p. 7.

BARCELOS, Luiz Cláudio. "Mobilização racial no Brasil: uma revisão crítica". Salvador, *Afro-Ásia*, n. 17, p. 187-210, 1996.

BASTIDE, Roger. "A imprensa negra do Estado de São Paulo". *Boletim da Faculdade de Filosofia, Ciências e Letras da Universidade de São Paulo. Sociologia*, São Paulo, v. CXXI, n. 2, p. 50-78, 1951.

BASTIDE, Roger; FERNANDES, Florestan. *Brancos e Negros em São Paulo*. 2. ed. São Paulo: Nacional, 1959.

BENTO, Maria Aparecida Silva; CARONE, Iray (orgs.). *Psicologia social do racismo: estudos sobre branquitude e branqueamento no Brasil*. Petrópolis: Vozes, 2002.

BERNARDINO, Joaze. "Ação afirmativa e a rediscussão do mito da democracia racial no Brasil". *Estudos Afro-Asiáticos*, v. 24, n. 2, p. 247-273, 2002.

BERNARDO, Teresinha. *Memória em branco e negro: olhares sobre São Paulo*. São Paulo: EDUC/Fapesp, 1998.

BEZERRA, Holien Gonçalves. *Artimanhas da dominação: São Paulo, 1932*. 1981. Tese (Doutorado em História Social) – Faculdade de Filosofia, Letras e Ciências Humanas, Universidade de São Paulo, São Paulo.

_____. *O jogo do poder: Revolução Paulista de 32*. São Paulo: Moderna, 1988.

BUTLER, Kim D. *Freedoms given, freedoms won: Afro-Brazilians in post-abolition, São Paulo and Salvador*. New Brunswick: Rutgers University Press, 1998.

CADERNOS *pelas reparações*. São Paulo: Núcleo de Consciência Negra na USP, 1993.

CAMARGO, Oswaldo de. *O negro escrito: apontamentos sobre a presença do negro na literatura brasileira*. São Paulo: Imesp, 1987.

CAPELATO, Maria Helena. *O movimento de 1932: a causa paulista*. São Paulo: Brasiliense, 1981. (Coleção Tudo É História, 15).

CARDOSO, Paulino de Jesus Francisco. *A luta contra a apatia: estudos sobre a instituição histórica do movimento negro anti-racista em São Paulo (1915-1931)*. 1993. Dissertação (Mestrado em História) – Pontifícia Universidade Católica, São Paulo.

CARNEIRO, Maria Luiza Tucci. "O discurso da intolerância: fontes para o estudo do racismo". In: DI CREDDO, Maria do Carmo Sampaio (org.). *Fontes históricas: abordagens e métodos*. Assis: Programa de Pós-graduação em História/UNESP, 1996.

CARVALHO, Florentino de. *A guerra civil de 1932 (em São Paulo): solução immediata dos grandes problemas sociaes*. São Paulo: Ariel, 1932.

CARVALHO, Francisco Affonso de. *Capacetes de aço: scenas da lucta do exercito de léste no Valle do Parahyba*. Rio de Janeiro: Civilização Brasileira, 1933.

CARVALHO, José Jorge de; SEGATO, Rita Laura. *Uma proposta de cotas para estudantes negros na Universidade de Brasília*. Brasília: Departamento de Antropologia/UnB, 2002. (Série Antropologia, 314).

CARVALHO, José Murilo de. *Os bestializados: o Rio de Janeiro e a República que não foi*. São Paulo: Companhia das Letras, 1987.

_____. "República e cidadanias". *Dados*, Rio de Janeiro, v. 28, n. 2, p. 143-61, 1985.

DAMATO, Diva. "Negritude, negritudes". *Revista Através*, São Paulo, n. 1, 1983.

DAMATTA, Roberto. "Notas sobre o racismo à brasileira". In: SOUZA, Jessé (org.). *Multiculturalismo e racismo: uma comparação Brasil–Estados Unidos*. Brasília: Paralelo 15, 1997, p. 69-76.

DECRAENE, Philippe. *O Pan-Africanismo*. São Paulo: Difel, 1962.

DEGLER, Carl N. *Nem preto nem branco: escravidão e relações raciais no Brasil e nos Estados Unidos*. Rio de Janeiro: Labor, 1976.

DE PAULA, Jeziel. *1932: imagens construindo a história*. Campinas/Piracicaba: Editora da Unicamp/Editora da Unimep, 1998.

DOMINGUES, Petrônio. "Ações afirmativas: a saída conjuntural para os negros na educação". In: PORTO, Maria do Rosário Silveira *et al.* (orgs.). *Negro, educação e multiculturalismo*. São Paulo: Panorama, 2002, p. 221-234.

_____. *A insurgência de ébano: a história da Frente Negra Brasileira (1931-1937)*. 2005a. Tese (Doutorado em História Social) – Faculdade de Filosofia, Letras e Ciências Humanas, Universidade de São Paulo.

_____. "O mito da democracia racial e a mestiçagem no Brasil (1889-1930)". *Diálogos Latinoamericanos*, Åhrus (Dinamarca), Centro de Estudos Latino-americanos da Universidade de Aarhus, n. 10, p. 117-132, 2005b.

_____. *Uma história não contada: negro, racismo e branqueamento em São Paulo no pós-abolição*. São Paulo: Senac, 2004.

DONATO, Hernâni. *A Revolução de 32*. São Paulo: Círculo do Livro, 1982.

DOUXAMI, Christine. "Teatro negro: a realidade de um sonho sem sono". *Afro-Ásia*, Salvador, n. 25-26, p. 313-63, 2001.

DUARTE, Paulo. *História da imprensa em São Paulo*. São Paulo: ECA/USP, 1972. (Série Jornalismo, 27).

DU BOIS, W. E. B. *As Almas da Gente Negra*. São Paulo: Lacerda, 1999.

DURHAM, Eunice R. "Desigualdade educacional e cotas para negros nas universidades". *Novos Estudos Cebrap*, São Paulo, n. 66, p. 3-22, jul. 2003.

ELLIS JR., Alfredo. *Os primeiros troncos paulistas e o cruzamento euro-americano*. São Paulo: Companhia Editora Nacional, 1936.

_____. *Populações paulistas*. São Paulo: Companhia Editora Nacional, 1934.

_____. *Raça de gigantes: a civilização no planalto paulista*. São Paulo: Helios, 1926.

FANON, Frantz. *Pele negra, máscaras brancas*. Porto (Portugal): A. Ferreira/Paisagem, s/d.

FAUSTO, Boris. *Trabalho urbano e conflito social (1890-1920)*. 4. ed. São Paulo: Difel, 1986.

FÉLIX, Marcelino. *As práticas político-pedagógicas da Frente Negra Brasileira na cidade de São Paulo (1931-1937)*. 2001. Dissertação (Mestrado em Educação) – Pontifícia Universidade Católica, São Paulo.

FERNANDES, Florestan. *A integração do negro na sociedade de classes*. 3. ed. São Paulo: Ática, 1978. 2 v. (Coleção Ensaios, 34).

_____. "A revolução constitucionalista e o estudo sociológico da guerra". *Revista do Arquivo Municipal*, São Paulo, v. CXXIII, mar. 1949.

_____. *O negro no mundo dos brancos*. São Paulo: Difel, 1972.

_____. *Significado do protesto negro*. São Paulo: Cortez/Autores Associados, 1989. (Coleção Polêmicas do Nosso Tempo, v. 33).

FERNANDES, Florestan; PEREIRA, João Baptista Borges; NOGUEIRA, Oracy. *A questão racial brasileira vista por três professores*. São Paulo: ECA/USP, 1971. (Série Cultura Geral, 4).

FERRARA, Miriam Nicolau. *A imprensa negra paulista (1915-1963)*. São Paulo: FFLCH/USP, 1986. (Série Antropologia, 13).

FERREIRA, Maria Nazareth. *Imprensa operária no Brasil (1880-1920)*. Petrópolis: Vozes, 1978. (Coleção Meios de Comunicação Social, 19).

FONTANA, Josep. *História: análise do passado e projeto social*. Bauru: Edusc, 1998.

FRANCO, Maria Isabel Silva. *Redescoberta da festa: o teatro amador na cidade de São Paulo nas primeiras décadas do século XX*. 1994. Dissertação (Mestrado em História Social) – Faculdade de Filosofia, Letras e Ciência Humanas, Universidade de São Paulo, São Paulo.

GARCIA, Marinalda. *Os arcanos da cidadania: a imprensa negra paulistana nos primórdios do século XX*. 1997. Dissertação (Mestrado em História Social) – Faculdade de Filosofia, Letras e Ciências Humanas, Universidade de São Paulo.

GILROY, Paul. *O Atlântico negro: modernidade e dupla consciência*. São Paulo: 34, 2001.

GINZBURG, Carlo. "Sinais: raízes de um paradigma indiciário". In: *Mitos, emblemas, sinais: morfologia e história*. São Paulo: Companhia das Letras, 1989, p. 143-79.

GOMES, Flávio dos Santos. *Experiências atlânticas: ensaios e pesquisas sobre a escravidão e o pós-emancipação no Brasil*. Passo Fundo: UPF, 2003.

GOMES, Joaquim B. Barbosa. *Ação afirmativa e princípio constitucional da igualdade: o direito como instrumento de transformação social*. Rio de Janeiro: Renovar, 2001.

GOULART, Gastão. *Verdades da Revolução Constitucionalista*. São Paulo: [s.n.], 1933.

GUIMARÃES, Antônio Sérgio Alfredo. "Acesso de negros às universidades públicas". *Cadernos de Pesquisa*, São Paulo, Fundação Carlos Chagas, n. 118, p. 247-68, 1999a.

_____. *Classes, raças e democracia*. São Paulo: 34, 2002.

_____. "Notas sobre raça, cultura e identidade na imprensa negra de São Paulo e Rio de Janeiro, 1925-1950". *Afro-Ásia*, Salvador, n. 29/30, p. 247-69, 2003.

_____. *Racismo e anti-racismo no Brasil*. São Paulo: 34, 1999b.

HALL, Stuart. *Da diáspora: identidades e mediações culturais*. Belo Horizonte/Brasília: UFMG/Representação da Unesco no Brasil, 2003.

HANCHARD, Michael George. *Orfeu e o poder: o movimento negro no Rio de Janeiro e São Paulo (1945-1988)*. Rio de Janeiro: EdUerj, 2001.

HASENBALG, Carlos A. *Discriminação e desigualdades raciais no Brasil*. Rio de Janeiro: Graal, 1979. (Série Sociologia, 10).

HENRIQUES, Ricardo. *Desigualdade racial no Brasil: evolução das condições de vida na década de 90*. Rio de Janeiro: IPEA, 2001. (Texto para Discussão, 807).

HERINGER, Rosana. "Mapeamento de ações e discursos de combate às desigualdades raciais no Brasil". *Estudos Afro-Asiáticos*, Rio de Janeiro, v. 23, n. 2, p. 291-334, 2001.

HERNANDEZ, Leila Maria Gonçalves Leite. *Os filhos da terra do sol*. São Paulo: Selo Negro, 2002.

HILTON, Stanley E. *A guerra civil brasileira: história da Revolução Constitucionalista de 1932*. Rio de Janeiro: Nova Fronteira, 1982.

HOBSBAWM, Eric J. *Sobre história*. São Paulo: Companhia das Letras, 1998.

HOFBAUER, Andreas. *Uma história de branqueamento ou o negro em questão*. 1999. Tese (Doutorado em Antropologia Social) – Faculdade de Filosofia, Letras e Ciências Humanas, Universidade de São Paulo, São Paulo.

JANOTTI, Maria de Lourdes Mônaco. *Os subversivos da República*. São Paulo: Brasiliense, 1986.

LE GOFF, Jacques. *História e memória*. 5. ed. Campinas: Unicamp, 2003.

LEITE, José Correia; Cuti (org.). *... E disse o velho militante José Correia Leite: depoimentos e artigos*. São Paulo: Secretaria Municipal de Cultura, 1992.

LEITE, José Correia; MOREIRA, Renato Jardim. *Movimentos sociais no meio negro*. São Paulo: mimeo., [s.d.].

LEVINE, Robert M. *Pai dos pobres? O Brasil e a era Vargas*. São Paulo: Companhia das Letras, 2001.

LOPES, Maria Aparecida de Oliveira. *Beleza e ascensão social na imprensa negra paulistana (1920-1940)*. 2001. Dissertação (Mestrado em História) – Pontifícia Universidade Católica, São Paulo.

LOWRIE, Samuel. "O elemento negro na população de São Paulo". *Revista do Arquivo Municipal*, São Paulo, v. 4, n. 48, p. 5-56, 1938.

MACHADO, Maria Helena. *O plano e o pânico: os movimentos sociais na década da abolição*. Rio de Janeiro/São Paulo: UFRJ/Edusp, 1994.

MACIEL, Cleber da Silva. *Discriminações raciais: negros em Campinas (1888-1921)*. 2. ed. Campinas: Unicamp, 1997.

MAGGIE, Yvonne; FRY, Peter. "O debate que não houve: a reserva de vagas para negros nas universidades brasileiras". *Enfoques – Revista eletrônica*, Rio de Janeiro, v. 1, n. 1, p. 93-117, 2002. Disponível em: <http://www.enfoques.ifcs.ufrj.br/dezembro02/pdfs/dezembro_04.pdf>. Acesso em mar. 2007.

MALATIAN, Teresa. *Império e missão: um novo monarquismo brasileiro*. São Paulo: Companhia Editora Nacional, 2001.

MAPA da população negra no mercado de trabalho no Brasil. São Paulo: Instituto Sindical Interamericano pela Igualdade Racial (Inspir)/Departamento Intersindical de Estatística e Estudos Socioeconômicos (Dieese), 1999.

MARTINS, Leda Maria. *A cena em sombras*. São Paulo: Perspectiva, 1995.

MAUÉS, Maria Angélica Motta. "Da 'branca senhora' ao 'negro herói': a trajetória de um discurso racial". *Estudos Afro-Asiáticos*, Rio de Janeiro, n. 21, p. 119-129, 1991.

_____. "Entre o branqueamento e a negritude: o Teatro Experimental do Negro e o debate da questão racial". *Dionysos* (edição especial sobre o Teatro Experimental do Negro), Rio de Janeiro, MinC/Fundacen, n. 28, p. 89-101, 1988.

_____. *Negro sobre negro: a questão racial no pensamento das elites negras brasileiras*. 1997. Tese (Doutorado em Sociologia) – Instituto Universitário de Pesquisa do Rio de Janeiro, Rio de Janeiro.

MEDEIROS, Carlos Alberto. *Na lei e na raça: legislação e relações raciais, Brasil–Estados Unidos*. Rio de Janeiro: DP&A, 2004.

MELLO, Marina Pereira de Almeida. *O ressurgir das cinzas – Negros paulistas no pós-Abolição: identidade e alteridade na imprensa negra paulista (1915-1923)*. 1999. Dissertação (Mestrado em História Econômica) – Faculdade de Filosofia, Letras e Ciências Humanas, Universidade de São Paulo, São Paulo.

MENDES, Miriam Garcia. *O Negro e o Teatro Brasileiro (entre 1889 e 1982)*. São Paulo/Rio de Janeiro: Hucitec/Instituto Brasileiro de Arte e Cultura, 1993.

MENDONÇA, Luciana Ferreira Moura. *Movimento negro: da marca da inferioridade racial à construção da identidade étnica*. 1996. Dissertação (Mestrado em Antropologia Social) – Faculdade de Filosofia, Letras e Ciências Humanas, Universidade de São Paulo.

MITCHELL, Michael. *Racial consciousness and the political attitudes and behavior of blacks in São Paulo*. 1977. Dissertação (Ph.D. em Ciência Política) – Department of Political Science, Indiana University, Bloomington.

MOEHLECKE, Sabrina. "Ação afirmativa: história e debates no Brasil". *Cadernos de Pesquisa*, São Paulo, n. 117, p. 197-217, nov. 2002.

MORSE, Richard M. *Formação histórica de São Paulo: de comunidade à metrópole*. São Paulo: Difel, 1970.

MOTTA, Ubirajara Damaceno da. *Jornegro: um projeto de comunicação afro-brasileira*. 1986. Dissertação (Mestrado em Comunicação) – Instituto Metodista de Ensino Superior, São Bernardo do Campo.

MOURA, Clóvis. "A imprensa negra em São Paulo". In: *Sociologia do negro brasileiro*. São Paulo: Ática, 1988, p. 204-217. (Série Fundamentos, 34).

_____. *As injustiças de Clio: o negro na historiografia brasileira*. Belo Horizonte: Oficina de Livros, 1990.

_____. *Brasil: raízes do protesto negro*. São Paulo: Global, 1983. (Passado & Presente, 28).

_____. *Dialética radical do Brasil negro*. São Paulo: Anita, 1994.

_____. *História do negro brasileiro*. São Paulo: Ática, 1989.

_____. *O negro, de bom escravo a mau cidadão?* Rio de Janeiro: Conquista, 1977. (Temas Brasileiros, 21).

MÜLLER, Ricardo Gaspar (org.). *Dionysos* (edição especial sobre o Teatro Experimental do Negro), Rio de Janeiro, MinC/Fundacen, n. 28, 1988a.

_____. *Identidade e cidadania: o Teatro Experimental do Negro*. 1988b. Dissertação (Mestrado em Sociologia) – Faculdade de Filosofia e Ciências Humanas, Universidade Federal de Minas Gerais, Belo Horizonte.

MUNANGA, Kabenguele. "O anti-racismo no Brasil". In: *Estratégias e políticas de combate à discriminação racial*. São Paulo: Edusp, 1996, p. 79-94.

_____. "Política de ação afirmativa em benefício da população negra no Brasil: um ponto de vista em defesa de cotas". In: SILVA, Petronilha Beatriz Gonçalves; SILVÉRIO, Valter Roberto (orgs.). *Educação e ações afirmativas: entre a injustiça simbólica e a injustiça econômica*. Brasília: Inep/MEC, 2003, p. 105-123.

_____. *Rediscutindo a mestiçagem no Brasil*. Petrópolis: Vozes, 1999.

NASCIMENTO, Abdias do (org.). *Drama para negros e prólogos para brancos: antologia de teatro negro-brasileiro*. Rio de Janeiro: Teatro Experimental do Negro, 1961.

_____. *O negro revoltado*. Rio de Janeiro: GRD, 1968a.

_____. *O quilombismo: documentos de uma militância pan-africanista*. Petrópolis: Vozes, 1980.

_____. "Teatro Experimental do Negro". *Revista do Patrimônio Histórico e Artístico Nacional*, Brasília, n. 25, p. 71-81, 1997.

_____. "Teatro negro no Brasil: uma experiência sócio-racial". *Revista Civilização Brasileira*, Rio de Janeiro, n. 2, 1968b. Caderno Especial, p. 193-211.

NASCIMENTO, Elisa Larkin. *O sortilégio da cor: identidade afro-descendente no Brasil*. 2000. Tese (Doutorado em Psicologia Escolar e do Desenvolvimento Humano) – Instituto de Psicologia, Universidade de São Paulo, São Paulo.

_____. *Pan-africanismo na América do Sul: emergência de uma rebelião negra*. Petrópolis: Vozes, 1981.

OS DIREITOS humanos no Brasil. São Paulo: Núcleo de Estudos da Violência-USP/Comissão Teotônio Vilela, 1993, p. 13-14.

PEREIRA, João Baptista Borges. "A cultura negra: resistência de cultura à cultura de resistência". *Dédalo*, São Paulo, v. 23, p. 177-88, 1985.

PINTO, Luís de Aguiar Costa. *O negro no Rio de Janeiro: relações de raças numa sociedade em mudança*. 2. ed. Rio de Janeiro: UFRJ, 1998.

PINTO, Regina Pahim. "A Frente Negra Brasileira". *Revista de Cultura Vozes*, Petrópolis, n. 4, p. 45-59, 1996.

_____. *O movimento negro em São Paulo: luta e identidade*. 1993. Tese (Doutorado em Antropologia Social) – Faculdade de Filosofia, Letras e Ciências Humanas, Universidade de São Paulo.

PROGRAMA das Nações Unidas para o Desenvolvimento (PNUD). *Relatório de desenvolvimento humano: racismo, pobreza e violência*. Brasília, 2005.

PROGRAMA Nacional de Direitos Humanos (PNDH II). Brasília: Ministério da Justiça/Secretaria de Estado dos Direitos Humanos, 2002.

RAMOS, Artur. "O espírito associativo do negro brasileiro". *Revista do Arquivo Municipal de São Paulo*, São Paulo, v. 47, n. 4, p. 105-126, 1938.

RAMOS, Guerreiro. *Introdução crítica à sociologia brasileira*. Rio de Janeiro: UFRJ, 1995.

_____. "O negro no Brasil e um exame de consciência". NASCIMENTO, Abdias do *et al.* (orgs.). *Relações de raça no Brasil*. Rio de Janeiro: Quilombo, 1950, p. 33-46.

RODRIGUES, Nina. *Os africanos no Brasil*. 6. ed. São Paulo/Brasília: Companhia Editora Nacional/UnB, 1982.

ROSE, R. S. *Uma das coisas esquecidas: Getúlio Vargas e controle social no Brasil (1930-1954)*. São Paulo: Companhia das Letras, 2001.

SANTOS, Carlos José Ferreira dos. *Nem tudo era italiano: São Paulo e pobreza (1890-1915)*. São Paulo: Annablume/Fapesp, 1998. (Selo Universidade, 91).

SARTRE, Jean-Paul. *Reflexões sobre o racismo*. 5. ed. São Paulo: Difel, 1968.

SCHWARCZ, Lilia Moritz. *O espetáculo das raças: cientistas, instituições e questão racial no Brasil (1870-1930)*. São Paulo: Companhia das Letras, 1993.

_____. *Retrato em branco e negro: jornais, escravos e cidadãos em São Paulo no final do século XIX*. São Paulo: Companhia das Letras, 1987.

SEYFERTH, Giralda. "Etnicidade e cidadania: algumas considerações sobre as bases étnicas da mobilização política". *Boletim do Museu Nacional*, Rio de Janeiro, n. 42, p. 1-16, 1983.

SILVA, Arthur Lobo da. "A antropologia no exército brasileiro". *Archivo do Museu Nacional*, Rio de Janeiro, v. XXX (Quadro 2), p. 7-29, 1928.

SILVA, Hélio. *1932: a guerra paulista*. Rio de Janeiro: Civilização Brasileira, 1967. (Documentos da História Contemporânea, 11).

SILVA, José Carlos Gomes da. *Os sub-urbanos e a outra face da cidade – Negros em São Paulo (1900-1930): cotidiano, lazer e cidadania*. 1990. Dissertação (Mestrado em Antropologia Social) – Instituto de Filosofia e Ciências Humanas, Universidade de Campinas.

SILVA, Maria Aparecida Pinto. "Ação afirmativa e o combate ao racismo institucional no Brasil". *Cadernos de Pesquisa*, São Paulo, n. 117, p. 219-46, nov. 2002.

_____. *Visibilidade e respeitabilidade: memória e luta dos negros nas associações culturais e recreativas de São Paulo (1930-1968)*. 1997. Dissertação (Mestrado em Ciências Sociais) – Pontifícia Universidade Católica, São Paulo.

SILVÉRIO, Valter Roberto. Ação afirmativa e o combate ao racismo institucional no Brasil. *Cadernos de Pesquisa*, São Paulo, Fundação Carlos Chagas, n. 117, p. 219-46, nov. 2002.

_____. Políticas raciais compensatórias: o dilema brasileiro do século XXI. In: SEMINÁRIOS REGIONAIS PREPARATÓRIOS PARA III CONFERÊNCIA MUNDIAL CONTRA O RACISMO, DISCRIMINAÇÃO RACIAL, XENOFOBIA E INTOLERÂNCIA CORRELATA. *Anais...* Brasília: Ministério da Justiça. 2001, p. 123-138.

SKIDMORE, Thomas. "Ação afirmativa no Brasil? Reflexões de um brasilianista". In: SOUZA, Jessé (org.). *Multiculturalismo e racismo: uma comparação Brasil–Estados Unidos*. Brasília: Paralelo 15, 1997, p. 127-136.

_____. *Brasil: de Getúlio Vargas a Castelo Branco (1930-1964)*. Rio de Janeiro: Paz e Terra, 1975.

_____. *Preto no branco: raça e nacionalidade no pensamento brasileiro*. Rio de Janeiro: Paz e Terra, 1976. (Coleção Estudos Brasileiros, 9).

SODRÉ, Nelson Werneck. *História da imprensa no Brasil*. Rio de Janeiro: Civilização Brasileira, 1966. (Retratos do Brasil, 51).

SOUZA, Marina de Mello e. *Reis negros no Brasil escravista: história da festa de coroação de Rei Congo*. Belo Horizonte: UFMG, 2002. (Humanitas, 71).

TELLES, Edward. *Racismo à brasileira: uma nova perspectiva sociológica*. Rio de Janeiro: Relume Dumará/Fundação Ford, 2003.

TRINDADE, Hélgio. *Integralismo: o fascismo brasileiro na década de 30*. São Paulo/Porto Alegre: Difel/UFRGS, 1974.

TROTSKY, Leon. *Programa de transição: a agonia mortal do capitalismo e as tarefas da Quarta Internacional*. São Paulo: Informação, 1989.

TURRA, Cleusa; VENTURI, Gustavo (orgs.). *Racismo cordial: a mais completa análise sobre o preconceito de cor no Brasil*. São Paulo: Ática, 1995.

WALTERS, Ronald. "Racismo e ação afirmativa". In: SOUZA, Jessé (org.). *Multiculturalismo e racismo: uma comparação Brasil–Estados Unidos*. Brasília: Paralelo 15, 1997, p. 105-123.

------------------------- dobre aqui -------------------------

Carta-resposta
2146/83/DR/SPM
Summus Editorial Ltda.
CORREIOS

CARTA RESPOSTA
NÃO É NECESSÁRIO SELAR

O SELO SERÁ PAGO POR

AC AVENIDA DUQUE DE CAXIAS
01214-999 São Paulo/SP

------------------------- dobre aqui -------------------------

CADASTRO PARA MALA-DIRETA

Recorte ou reproduza esta ficha de cadastro, envie completamente preenchida por correio ou fax, e receba informações atualizadas sobre nossos livros.

Nome: _____ Empresa: _____

Endereço: ☐ Res. ☐ Coml. _____ Bairro: _____

CEP: _____ - _____ Cidade: _____ Estado: _____ Tel.: ( ) _____

Fax: ( ) _____ E-mail: _____

Profissão: _____ Professor? ☐ Sim ☐ Não Disciplina: _____ Data de nascimento: _____

Grupo étnico principal: _____

1. Você compra livros:
- ☐ Livrarias
- ☐ Feiras
- ☐ Telefone
- ☐ Correios
- ☐ Internet
- ☐ Outros. Especificar: _____

2. Onde você comprou este livro? _____

3. Você busca informações para adquirir livros:
- ☐ Jornais
- ☐ Amigos
- ☐ Revistas
- ☐ Internet
- ☐ Professores
- ☐ Outros. Especificar: _____

4. Áreas de interesse:
- ☐ Auto-ajuda
- ☐ Espiritualidade
- ☐ Ciências Sociais
- ☐ Literatura
- ☐ Comportamento
- ☐ Obras de referência
- ☐ Educação
- ☐ Temas africanos

5. Nestas áreas, alguma sugestão para novos títulos? _____

6. Gostaria de receber o catálogo da editora? ☐ Sim ☐ Não

Indique um amigo que gostaria de receber a nossa mala-direta

Nome: _____ Empresa: _____

Endereço: ☐ Res. ☐ Coml. _____ Bairro: _____

CEP: _____ - _____ Cidade: _____ Estado: _____ Tel.: ( ) _____

Fax: ( ) _____ E-mail: _____

Profissão: _____ Professor? ☐ Sim ☐ Não Disciplina: _____ Data de nascimento: _____

Selo Negro Edições
Rua Itapicuru, 613 7º andar 05006-000 São Paulo - SP Brasil Tel.: (11) 3872-3322 Fax: (11) 3872-7476
Internet: http://www.selonegro.com.br e-mail: selonegro@selonegro.com.br